本书获以下项目资助：

教育部人文社会科学研究规划基金项目：工业用地配置与□□研究：基于区域与企业视角（项目编号：22YJA630010）；

内蒙古自治区自然科学基金面上项目：地方政府供地策略对经济高质量发展的影响机理及协同政策研究——以黄河"几"字弯都市圈为例（项目编号：2022MS07023）；

内蒙古自治区直属高校基本科研业务费项目：低碳视角下土地配置与经济高质量增长——以黄河流域为例。

经济管理学术文库·管理类

中国城市工业用地市场化配置研究

Study on the Market Allocation of
Urban Industrial Land in China

崔新蕾／著

经济管理出版社

ECONOMY & MANAGEMENT PUBLISHING HOUSE

图书在版编目（CIP）数据

中国城市工业用地市场化配置研究/崔新蕾著 . 一北京：经济管理出版社，2022.9
ISBN 978-7-5096-8726-0

Ⅰ.①中…　Ⅱ.①崔…　Ⅲ.①城市—工业用地—市场配置—研究—中国　Ⅳ.①F429.9

中国版本图书馆 CIP 数据核字（2022）第 178891 号

组稿编辑：杨　雪
责任编辑：杨　雪
助理编辑：王　蕾
责任印制：许　艳
责任校对：蔡晓臻

出版发行：经济管理出版社
　　　　　（北京市海淀区北蜂窝 8 号中雅大厦 A 座 11 层　100038）
网　　　址：www.E-mp.com.cn
电　　　话：(010) 51915602
印　　　刷：唐山昊达印刷有限公司
经　　　销：新华书店
开　　　本：720mm×1000mm/16
印　　　张：13
字　　　数：204 千字
版　　　次：2022 年 10 月第 1 版　　2022 年 10 月第 1 次印刷
书　　　号：ISBN 978-7-5096-8726-0
定　　　价：78.00 元

目　录

1 导论

1.1 研究背景

中国过去 40 多年的发展举世瞩目，土地要素配置作为一项有力的政策工具，地方政府对此项工具的应用深刻影响着经济增长（田文佳等，2021）。在推进工业化和城镇化过程中，我国面临严峻的财政约束和基础设施建设的巨额资金需求，地方政府一方面廉价提供大量的工业用地招商引资（以地引资），另一方面高价出让住宅与商服用地为城市建设筹集巨额资金（以地生财），这种城市土地配置行为推动并支撑了我国快速的工业化与城镇化，在经济上一轮的高速增长中扮演了举足轻重的角色，走出了一条"以地谋发展"的中国特色经济增长之路（刘守英等，2020）。随着我国社会经济由高速增长向高质量发展和追求共同富裕的新阶段迈进，土地要素市场发育的不平衡、不充分问题依然明显，市场化配置的体制机制还难以满足供给侧结构性改革的要求。土地作为供给侧四大要素之一，所有经济活动都要依靠土地承载，而土地供需矛盾与土地资源配置问题比较突出，完善城市土地要素市场化配置改革，既成为促进我国资源配置效率提升和区域经济协调发展的长效方式，也能为下一轮经济增长提供新的动力（陆铭，

2011）。因此，土地要素尤其是工业用地要素优化配置是我国经济高质量发展的重要保障。

党的十九届五中全会提出，"以推动高质量发展为主题，以深化供给侧结构性改革为主线"，包括促进土地等生产要素的有效配置，发挥市场价格的调节功能。2020 年，《中共中央　国务院关于构建更加完善的要素市场化配置体制机制的意见》将"推进土地要素市场化配置"置于要素市场化配置的首要地位，凸显了土地要素市场化配置的重要性和紧迫性。2021 年，中共中央办公厅、国务院办公厅印发的《建设高标准市场体系行动方案》提出，"深化土地管理制度改革"，"完善建设用地市场体系"。把土地要素市场化配置放在显著位置，释放出新时代深化土地要素市场化配置改革的强烈信号。

在我国现有的土地制度下，地方政府通过垄断城市土地一级市场供给，对城市土地资源配置的方式、结构及数量起着决定性作用，配置土地资源成为政府实现特定政策目标的方式。受政治晋升和财政最大化驱动，地方政府彼此之间存在着竞相扩大工业用地出让规模和降低工业用地实际出让价格的竞争（杨其静等，2014），使工业用地出让价格远低于商服用地和住宅用地（谭洪波，2015）。《中国国土资源统计年鉴 2018》显示，2017 年全国供应土地面积达 6002 万平方千米，其中，工矿仓储用地供应占比为 20.19%、商服用地占比为 5.17%、住宅用地占比为 14.04%、其他用地占比为 60.60%，共获得土地出让金额 5.20 万亿元，占当年财政收入的 30.22%。从城市土地要素市场化配置角度看，商服用地和住宅用地市场化程度均相对完善（荣晨，2021），而工业用地市场化配置存在过多政府干预（杨继东等，2020），会产生工业用地价格扭曲和要素错配，其所导致的生产率损失被认为是影响经济发展水平的重要因素（Bartelsman et al.，2013；Hsieh and Klenow，2009；赵新宇、郑国强，2020a）。大量城市建设用地被配置于工业领域且价格被严重低估，土地配置效果在很大程度上受到地方政府自身利益而非市场力量的左右，这不仅直接影响土地自身的利用效率，还会影响与其密切联系的实体经济活动以及劳动、资本等要素的配置状况，并最终对区域高质量经济发展产生影响。

改革开放以来，各地区在资源禀赋、经济条件以及国家政策执行等方面的差异形成了区域经济发展不平衡的现状，不同城市的经济发展阶段和用地需求存在较大差异，欠发达城市盲目降低工业用地价格可能未必得到好的效果，而发达城市已逐渐摆脱了廉价让地的招商策略。这些事实和变化要求各地方政府必须结合实际，灵活快速地出台适应性土地配置策略。转变经济发展方式已经成为中国经济发展的主旋律，通过对地方政府以工业用地要素市场化配置驱动区域高质量发展的理论机制和实证效应研究，为经济新常态下中央和地方政府优化工业用地要素配置提供理论依据。全面认识和分析我国城市工业用地要素市场配置的演变特征及其产生的影响效应，研究和识别地方政府工业用地要素配置行为与高质量发展的关联效应，是工业用地要素市场化改革和新发展格局下土地要素优化配置迫切需要解决的问题之一。

1.2　工业用地出让现状

1.2.1　工业用地出让面积现状

（1）工业用地出让面积占比分析

全国各省份①工业用地出让面积占建设用地总出让面积的比重如表 1-1 所示。从全国层面来看，2007~2020 年工业用地出让面积占建设用地总出让面积的比重基本呈现先上升后下降再上升的趋势，年均工业用地出让面积占比基本维持在 20% 左右。不同省份的变化趋势有所不同，2007 年工业用地出让面积占比较大的前三个省份分别为宁夏、浙江和江西，占比分别为 44.22%、41.91% 和 37.47%；2020 年工业用地出让面积占比较大的前三个省份分别为山西、安徽和

---

①　由于西藏数据缺失严重，所以本书中"全国各省"不包括西藏，全书余同。

山东，占比分别为29.21%、28.62%和27.30%。与2007年相比，2020年工业用地出让面积占比降幅前三位的省份分别是青海、浙江和甘肃，降幅分别为22.57%、21.74%和19.80%，而增幅前三位的省份分别为江苏、贵州和山西，增幅分别为17.63%、9.88%和9.45%。当我国工业化进入快速发展阶段，各省份的工业用地出让面积占比提升较快，随着我国工业化转型升级进入高质量发展阶段，服务业经济比重上升，经济发展进入转型升级调整期，不同地区依据资源禀赋和经济发展定位，对工业用地出让面积占比也进行调整。

表1-1 工业用地出让面积占建设用地总出让面积的比重 单位:%

年份 省份	2007	2009	2011	2013	2015	2017	2018	2019	2020
北京	15.81	10.35	21.81	20.78	1.40	4.26	6.63	8.15	11.79
天津	20.21	80.18	19.85	34.72	13.46	26.63	17.80	13.90	23.92
河北	36.10	50.26	37.53	21.05	31.30	28.32	33.46	27.89	26.47
山西	19.76	37.98	21.49	18.59	14.30	21.66	20.53	23.15	29.21
内蒙古	19.18	22.64	28.58	22.54	22.30	13.17	23.02	30.44	17.61
辽宁	25.70	45.49	20.23	23.12	17.02	25.83	24.69	27.16	26.96
吉林	29.55	21.34	28.68	36.43	12.93	11.77	7.29	13.18	16.86
黑龙江	6.44	2.36	15.58	18.16	16.57	9.24	11.51	20.30	14.26
上海	15.48	23.80	27.82	21.76	7.20	10.03	12.83	14.78	20.07
江苏	6.87	36.33	38.72	27.92	25.09	29.56	28.46	27.86	24.50
浙江	41.91	27.91	30.90	24.45	18.44	25.64	22.75	23.61	20.17
安徽	32.88	35.29	36.52	23.49	21.55	23.02	18.93	26.29	28.62
福建	25.74	23.00	32.58	25.73	21.14	16.53	19.44	22.47	25.14
江西	37.47	45.00	28.89	27.08	28.54	24.58	22.84	22.31	22.18
山东	29.72	30.93	36.15	33.42	32.69	20.68	21.86	24.99	27.30
河南	30.79	25.59	31.22	13.01	24.34	9.86	12.16	19.02	21.27
湖北	27.02	37.00	44.69	32.20	28.16	6.35	20.29	19.24	19.11
湖南	20.95	10.64	14.40	16.27	16.23	15.46	14.70	16.96	3.93
广东	30.32	22.04	21.07	23.66	35.53	16.17	17.49	21.64	21.92
广西	31.67	16.88	18.24	14.86	14.61	14.10	13.75	19.72	18.92
海南	18.87	6.85	7.84	12.06	4.16	3.33	1.36	7.17	20.01
重庆	22.61	13.15	18.26	17.40	24.43	20.57	12.02	23.11	20.83

续表

年份 省份	2007	2009	2011	2013	2015	2017	2018	2019	2020
四川	34.28	10.85	23.81	22.10	8.77	14.67	8.40	14.92	17.67
贵州	3.65	4.69	19.97	11.07	11.74	12.52	12.82	13.53	13.53
云南	13.95	17.66	14.14	13.09	6.77	13.44	5.07	4.45	12.49
陕西	22.56	26.36	27.22	14.92	20.08	20.46	14.86	20.69	23.33
甘肃	33.55	21.55	40.57	20.04	13.02	25.38	12.51	23.98	13.75
青海	28.23	17.19	27.72	11.15	7.64	11.65	7.82	6.76	5.66
宁夏	44.22	11.08	31.89	32.21	20.79	21.54	20.09	25.58	25.95
新疆	20.08	15.29	19.09	22.63	15.38	16.58	22.28	14.62	13.66
全国*	24.01	24.80	26.90	22.16	19.35	16.80	17.55	20.03	17.57

注：*不包括西藏地区。本书中表格余同。

资料来源：笔者根据中国土地市场网整理所得。

（2）工业用地协议出让面积分析

工业用地协议出让面积占工业用地总出让面积的比重如表1-2所示。在研究期间，我国工业用地协议出让面积占工业用地总出让面积的比重呈持续下降趋势，2007年北京和天津的工业用地协议出让面积占比接近96%，工业用地几乎都是以协议方式出让，而到2020年其协议出让的面积占比分别下降到5.99%和13.47%。截止到2020年，除青海和天津外，其他省份协议出让工业用地面积占比均在10%以下，主要原因是《国土资源部 监察部关于落实工业用地招标拍卖挂牌出让制度有关问题的通知》的政策文件出台，其规定"政府供应工业用地，必须采取招标拍卖挂牌方式公开出让或租赁"，各省份按照文件要求减少使用协议出让方式交易工业用地。

表1-2　工业用地协议出让面积占工业用地总出让面积的比重　　单位:%

年份 省份	2007	2009	2011	2013	2015	2017	2018	2019	2020
北京	95.50	23.10	23.66	11.23	10.38	7.57	56.29	4.24	5.99
天津	95.96	7.00	3.71	3.35	1.94	1.86	7.68	3.83	13.47

续表

年份 省份	2007	2009	2011	2013	2015	2017	2018	2019	2020
河北	67.62	16.31	10.00	7.69	2.42	2.52	2.12	1.87	1.17
山西	81.53	7.98	9.92	2.97	9.02	9.85	26.87	3.97	2.38
内蒙古	52.52	37.33	10.21	5.95	5.30	3.09	5.77	5.86	6.82
辽宁	69.87	11.51	8.83	17.04	6.40	2.75	2.62	16.19	7.98
吉林	27.10	19.75	9.59	9.67	15.36	7.70	6.19	6.22	2.90
黑龙江	17.80	27.34	6.41	14.61	12.96	8.07	6.74	10.80	8.18
上海	65.06	5.16	2.41	11.53	0.99	2.02	1.54	0.00	0.00
江苏	77.89	4.83	2.67	1.04	1.03	1.06	0.64	0.56	0.56
浙江	48.18	2.88	2.18	2.68	5.32	4.07	4.43	5.34	8.54
安徽	65.47	4.31	1.80	1.34	2.64	0.89	0.30	1.13	0.19
福建	83.89	5.90	2.93	2.70	4.82	4.65	3.78	0.87	1.83
江西	50.12	2.29	1.22	0.88	0.16	0.03	0.20	0.18	0.10
山东	83.51	11.11	5.10	8.27	11.62	2.67	3.19	2.59	2.79
河南	73.02	16.79	12.93	7.27	5.10	1.55	2.55	0.89	1.33
湖北	79.06	5.24	2.46	2.09	2.05	0.76	1.26	0.48	0.68
湖南	67.75	7.72	4.39	2.83	1.45	0.98	0.49	1.86	1.57
广东	85.01	27.05	9.89	7.96	6.93	3.63	4.95	4.15	5.91
广西	54.11	19.36	4.46	6.58	1.29	2.17	1.25	5.62	2.59
海南	19.24	16.78	0.16	0.99	0.00	0.00	0.00	10.10	0.00
重庆	51.61	0.91	11.57	0.63	0.19	0.13	0.00	0.09	0.06
四川	76.43	20.18	7.74	4.87	3.36	1.54	2.33	3.55	4.45
贵州	87.77	38.50	13.32	2.49	1.40	0.34	0.25	0.00	2.79
云南	66.75	83.47	9.68	8.47	5.32	1.02	2.97	0.34	2.30
陕西	58.05	21.11	12.88	4.02	2.27	2.96	1.87	0.67	3.98
甘肃	69.40	22.58	15.53	12.67	3.17	4.17	2.18	6.47	9.99
青海	87.96	42.84	70.65	50.91	41.91	31.08	37.12	51.18	44.61
宁夏	12.33	10.97	1.17	0.26	0.69	0.00	0.31	0.13	1.76
新疆	51.24	24.29	5.61	5.32	3.94	0.83	0.63	12.87	1.46
全国	67.83	16.36	6.83	5.71	4.51	2.51	2.94	3.40	3.08

资料来源：笔者根据中国土地市场网相关数据整理所得。

（3）工业用地挂牌出让面积分析

虽然招标、拍卖和挂牌常被视为三种性质相似且高度市场化的土地出让方式，因此被合并简称为"招拍挂"，但是现实工业用地出让较少使用招标，拍卖与挂牌之间也存在着如下差异：一是，拍卖要求多个合规的竞买人当场公开竞价，而挂牌并不需要当场竞价，除非挂牌期限届满时仍有竞买人愿意继续竞价；二是，挂牌允许在挂牌期限内仅有一个合规的竞买人报价，而且只要报价不低于底价就可成交。这意味着，相对于拍卖，挂牌赋予了地方政府相当大的自由裁量权，不仅可在事前为自己心仪的某个意愿竞买人量身定制竞买人条件，而且有机会在挂牌出让过程中与相关竞买人沟通。相对于拍卖，挂牌可能会降低土地出让价格（Cai et al.，2013；王媛、杨广亮，2016）、助长腐败（Cai et al.，2013）、导致政企合谋（张莉等，2013）以及更多的土地违法行为（陶坤玉等，2010）。

2007～2020年，全国层面的工业用地挂牌出让占工业用地总出让面积的比重呈不断增加趋势，具体数值如表1-3所示。2007年，除宁夏、黑龙江、吉林和海南外，其他省份工业用地挂牌出让占工业用地总出让面积比重均在50%以下，而到2020年各省份挂牌方式出让工业用地面积占比均在50%以上，其中上海和海南挂牌率更是达到100%，而青海和江西的挂牌占比较低，分别为55.39%和57.32%。与2007年相比，2020年工业用地挂牌出让占比上涨幅度较大的前三个省份分别为北京、贵州和天津，涨幅分别为90.33%、83.93%和83.57%。这说明在工业用地协议出让受限后，挂牌成为地方政府干预工业用地出让市场最主要的手段和最受欢迎的出让方式，挂牌出让方式仍受地方政府主导干预，低价出让工业用地的方式仍存在，所以工业用地挂牌出让在一定程度上并不能代表工业用地市场化水平。

表1-3　工业用地挂牌出让面积占工业用地总出让面积的比重　　单位:%

年份 省份	2007	2009	2011	2013	2015	2017	2018	2019	2020
北京	3.68	74.07	76.34	88.77	89.62	92.43	43.71	95.76	94.01

续表

年份 省份	2007	2009	2011	2013	2015	2017	2018	2019	2020
天津	2.96	91.35	96.29	96.65	98.06	98.14	92.32	96.08	86.53
河北	20.97	77.95	82.76	84.62	84.96	88.79	85.74	85.30	77.60
山西	15.57	89.68	85.50	96.26	89.32	88.69	72.59	94.77	95.80
内蒙古	36.83	60.60	89.47	93.20	90.79	96.88	92.57	93.95	92.20
辽宁	22.13	86.23	90.43	82.33	90.35	93.62	95.44	82.73	91.24
吉林	70.97	79.02	89.21	90.33	84.61	92.11	93.71	93.78	97.05
黑龙江	72.77	69.84	84.97	81.15	86.51	91.68	93.19	89.20	90.72
上海	32.92	94.20	97.59	88.47	99.01	97.98	98.46	100.00	100.00
江苏	22.11	95.05	97.17	98.54	98.47	98.84	99.01	99.34	99.44
浙江	49.56	84.29	83.10	89.32	86.34	85.87	79.39	73.25	72.01
安徽	32.05	92.92	94.84	95.11	94.50	96.66	98.14	95.70	96.39
福建	14.41	88.37	92.58	96.74	94.92	95.12	96.11	97.71	96.89
江西	48.83	93.18	93.86	65.87	63.57	57.04	59.96	57.49	57.32
山东	14.94	77.77	86.33	78.81	73.94	87.64	87.15	88.32	87.64
河南	24.58	75.59	84.20	90.06	91.41	90.38	86.72	87.15	83.14
湖北	17.37	90.23	92.46	92.09	88.16	96.07	94.83	91.23	87.81
湖南	28.40	84.27	93.86	95.82	97.36	97.78	98.24	95.81	96.61
广东	13.59	70.74	86.31	85.55	85.91	89.55	84.96	88.46	85.43
广西	42.62	71.92	91.02	90.47	96.62	93.69	94.19	88.73	90.08
海南	69.63	64.21	99.84	98.61	100.00	100.00	100.00	89.90	100.00
重庆	44.01	95.66	87.75	98.53	98.04	99.52	98.62	98.44	97.49
四川	22.67	76.27	90.25	94.35	95.76	97.03	94.55	94.85	93.17
贵州	11.52	59.41	86.65	97.42	98.57	99.66	99.75	98.59	95.45
云南	29.72	14.60	88.57	90.48	92.74	98.65	92.21	92.87	83.57
陕西	36.76	76.46	86.74	95.98	97.47	97.04	97.66	99.02	95.04
甘肃	27.63	75.03	84.27	87.30	90.98	95.83	97.68	93.12	89.52
青海	12.04	57.16	29.35	49.20	58.09	68.92	62.88	48.82	55.39
宁夏	86.42	88.97	98.83	99.74	99.31	100.00	99.69	99.87	98.24
新疆	47.99	73.77	93.72	94.34	95.75	99.17	99.32	86.59	98.42
全国	28.86	79.12	89.55	88.97	89.30	91.96	89.88	89.37	88.49

资料来源：笔者根据中国土地市场网相关数据整理所得。

1.2.2 工业用地出让宗数现状

（1）工业用地出让宗数占比分析

工业用地出让宗数占建设用地总出让宗数比重如表1-4所示。2007~2020年，工业用地出让宗数占建设用地总出让宗数的比重呈两极分化趋势，如江苏、河北、黑龙江、湖北等省份占比波动上升，而其他省份如浙江、上海、天津、福建等工业用地出让宗数占比波动下降。

表1-4　工业用地出让宗数占建设用地总出让宗数比重　　　单位：%

年份\省份	2007	2009	2011	2013	2015	2017	2018	2019	2020
北京	16.71	19.73	20.07	15.44	2.23	2.38	3.42	4.54	5.87
天津	23.89	36.63	22.63	31.18	13.57	19.16	12.32	14.09	10.40
河北	18.36	29.78	29.12	29.37	34.69	27.18	25.95	23.12	28.24
山西	12.19	22.16	19.85	19.91	17.67	16.69	16.47	18.93	19.10
内蒙古	7.21	13.65	15.18	16.60	15.64	12.39	11.59	14.55	13.17
辽宁	21.79	38.92	31.93	27.44	24.32	16.16	17.84	20.21	24.74
吉林	15.74	18.47	24.92	21.75	18.01	10.68	7.28	9.57	5.42
黑龙江	3.99	10.12	13.45	18.18	14.22	11.05	10.99	13.14	12.54
上海	26.62	29.51	34.86	21.21	5.70	11.11	10.04	9.82	12.86
江苏	10.05	40.45	42.43	37.20	34.85	37.12	33.99	34.41	31.86
浙江	47.35	38.22	35.58	30.40	34.23	32.34	23.45	27.49	28.96
安徽	27.66	35.41	39.44	30.52	27.78	28.92	24.78	31.75	32.17
福建	39.88	32.59	37.14	36.08	28.78	22.87	25.91	26.11	26.40
江西	27.93	31.01	27.38	26.68	26.43	25.45	20.81	20.51	21.68
山东	27.90	37.21	34.25	30.53	29.77	21.91	20.37	25.11	26.00
河南	23.84	19.38	27.80	21.15	19.23	12.38	9.30	15.02	16.06
湖北	9.73	13.09	19.68	20.00	21.86	17.97	13.79	15.21	17.40
湖南	10.01	7.41	8.71	7.68	7.79	7.26	6.08	6.90	6.24
广东	24.37	9.48	11.88	12.66	13.87	12.18	5.32	10.09	17.16
广西	7.78	6.13	6.95	8.80	8.09	7.91	8.59	9.24	10.71
海南	14.71	8.30	6.77	8.05	4.68	7.00	3.40	6.40	16.06

续表

年份 省份	2007	2009	2011	2013	2015	2017	2018	2019	2020
重庆	13.84	13.03	18.76	11.21	23.06	21.27	16.43	20.71	21.47
四川	24.29	12.94	13.74	14.07	12.04	11.81	8.94	11.38	14.71
贵州	11.91	3.75	11.66	14.69	9.47	10.44	9.27	10.15	11.38
云南	3.82	5.24	5.01	5.30	7.48	6.38	5.45	6.52	8.46
陕西	13.03	17.58	18.30	17.42	14.50	15.76	12.35	17.54	19.30
甘肃	13.98	11.73	20.38	18.75	17.01	19.82	12.73	19.18	13.03
青海	6.64	9.23	19.36	14.51	15.83	14.94	15.32	9.95	11.53
宁夏	32.87	21.91	30.41	25.15	24.08	21.83	11.10	16.37	20.47
新疆	8.89	7.92	18.54	21.71	17.71	14.39	18.19	15.81	14.53
全国	16.85	19.65	22.20	21.35	20.31	18.14	15.04	17.44	18.14

资料来源：笔者根据中国土地市场网相关数据整理所得。

（2）工业用地协议出让宗数分析

与工业用地协议出让面积占比相似，2007~2020年，全国层面工业用地协议出让宗数占总出让宗数的比重呈不断下降趋势，具体数值如表1-5所示。2007年，天津、北京和广东工业用地协议出让宗数占比达到90%以上，到2020年北京和广东协议出让宗数占比不足10%。2020年，协议出让宗数占比前三位为青海、浙江和天津，占比分别为37.60%、22.70%和20.57%，而上海和海南协议出让宗数为0。随着工业用地市场化配置的完整，工业用地协议出让面积在逐步减少，协议出让的宗数也在同步减少，说明政府通过协议出让的"土地引资"方式在逐渐调整。

表1-5　工业用地协议出让宗数占工业用地总出让宗数比重　　单位：%

年份 省份	2007	2009	2011	2013	2015	2017	2018	2019	2020
北京	94.17	37.90	29.05	19.63	23.33	42.86	40.00	4.55	5.88
天津	95.87	18.92	10.16	7.75	4.60	5.61	12.64	9.14	20.57

续表

年份 省份	2007	2009	2011	2013	2015	2017	2018	2019	2020
河北	68.51	15.25	9.11	7.77	2.75	1.58	1.27	1.27	1.12
山西	73.79	8.64	10.02	3.28	6.19	4.51	3.87	4.59	1.86
内蒙古	53.25	42.90	16.16	9.44	4.51	5.14	6.06	9.54	6.19
辽宁	60.86	21.30	14.44	14.23	9.60	12.23	9.59	9.19	9.11
吉林	52.98	35.35	23.28	20.14	15.59	15.27	13.38	11.79	10.59
黑龙江	37.91	34.96	15.49	19.46	27.39	16.04	18.60	17.94	19.20
上海	73.42	6.04	3.39	8.97	7.69	4.94	4.76	0.00	0.00
江苏	87.43	11.56	3.59	1.85	1.19	2.08	1.68	1.68	1.72
浙江	51.89	5.35	4.67	5.28	4.90	11.98	18.20	19.36	22.70
安徽	67.76	7.16	3.88	0.81	0.89	1.22	1.30	1.18	0.93
福建	88.28	6.60	3.63	4.25	5.44	6.47	5.39	3.44	4.56
江西	55.03	4.07	0.79	0.45	0.59	0.55	0.73	0.31	0.41
山东	86.23	13.71	6.22	3.83	5.82	5.79	3.57	7.11	8.00
河南	77.68	25.08	17.95	14.15	4.03	2.68	2.68	1.35	1.80
湖北	81.00	11.96	5.75	2.98	1.33	2.30	2.35	1.36	1.44
湖南	66.70	17.41	9.19	6.93	5.76	4.05	3.63	7.93	6.80
广东	90.86	38.43	16.47	13.62	9.88	6.28	8.85	13.02	9.60
广西	52.94	21.51	10.64	6.97	3.12	4.22	3.81	6.23	3.68
海南	37.14	28.57	2.44	4.62	0.00	0.00	0.00	10.53	0.00
重庆	47.40	7.60	3.63	4.91	0.70	0.72	0.00	0.23	0.54
四川	75.35	21.27	11.76	5.67	5.03	4.83	3.34	5.17	7.11
贵州	84.11	44.55	16.81	3.37	3.68	1.71	1.03	0.00	3.42
云南	56.40	28.76	10.52	3.97	4.74	2.89	2.64	0.61	3.74
陕西	55.66	25.40	13.52	5.22	3.42	3.82	3.08	0.75	2.06
甘肃	48.91	22.58	14.80	8.27	2.84	4.03	4.17	3.25	5.97
青海	51.61	38.36	47.02	43.54	51.97	44.86	43.64	46.51	37.60
宁夏	30.53	12.78	3.76	1.72	1.75	0.00	0.56	0.77	5.22
新疆	52.22	28.34	10.12	4.29	8.65	2.01	2.31	6.25	2.78
全国	71.86	16.29	8.73	6.01	4.67	4.83	5.17	5.72	6.22

资料来源：笔者根据中国土地市场网相关数据整理所得。

（3）工业用地挂牌出让宗数分析

2007~2020 年，就全国层面来看，工业用地挂牌出让宗数占比呈上升趋势，涨幅最大的北京从 2007 年的 4.91% 上升到 2020 年的 94.12%，涨幅为 89.21 个百分点，其次是江苏和福建，涨幅分别为 85.71 个和 84.80 个百分点；上海和海南的挂牌出让宗数占总出让宗数的 100.00%，表明这两省市工业用地全部已挂牌出让（见表 1-6）。截至 2020 年，我国东部地区挂牌出让工业用地宗数的占比较高，已有 18 个省份挂牌出让宗数占比超过 90%，说明工业用地出让方式逐渐向挂牌出让方式转变，挂牌出让工业用地逐渐成为地方政府出让工业用地的主要方式。

表 1-6 工业用地挂牌出让宗数占工业用地总出让宗数比重　　单位:%

省份＼年份	2007	2009	2011	2013	2015	2017	2018	2019	2020
北京	4.91	59.36	70.95	80.37	76.67	57.14	60.00	95.45	94.12
天津	2.58	76.64	89.84	92.25	95.40	94.39	87.36	90.36	79.43
河北	18.07	75.88	83.01	82.94	86.18	87.72	87.94	82.12	71.56
山西	22.65	84.69	87.31	95.14	90.10	93.63	94.75	93.34	95.29
内蒙古	37.66	54.85	83.14	88.79	92.35	94.29	93.41	90.17	93.40
辽宁	32.42	75.94	84.23	85.26	85.86	85.05	87.50	89.05	90.23
吉林	44.70	64.23	76.28	79.86	84.24	84.52	86.37	88.21	89.23
黑龙江	52.20	61.25	76.30	76.11	72.43	81.91	80.23	82.06	79.54
上海	23.90	93.21	96.61	91.03	92.31	95.06	95.24	100.00	100.00
江苏	12.57	88.21	96.14	97.77	98.35	97.73	98.07	98.27	98.28
浙江	44.07	80.89	86.42	87.40	85.64	78.11	70.23	64.94	61.49
安徽	28.12	88.52	93.47	94.50	97.00	96.58	96.80	96.95	95.44
福建	9.76	92.08	94.22	94.99	94.13	93.43	94.44	95.52	94.56
江西	42.65	87.98	94.72	69.64	68.91	62.71	68.79	61.80	59.91
山东	11.81	78.39	82.93	80.88	78.73	84.52	85.64	85.28	83.89
河南	17.66	67.72	78.34	84.04	92.71	90.01	87.33	86.32	82.81
湖北	14.80	82.56	88.32	91.65	88.64	93.05	92.94	89.10	84.09
湖南	26.87	72.80	88.13	92.10	93.28	94.84	95.41	90.91	92.11
广东	8.19	58.27	79.80	78.91	80.32	86.76	82.77	78.63	80.18

年份\省份	2007	2009	2011	2013	2015	2017	2018	2019	2020
广西	43.32	69.72	84.54	89.66	93.46	90.09	90.93	86.92	90.71
海南	55.71	57.14	97.56	93.85	100.00	100.00	100.00	89.47	100.00
重庆	49.59	86.69	94.98	92.74	98.60	98.33	98.50	98.39	97.64
四川	23.08	74.48	87.48	93.59	93.34	93.12	93.89	91.44	90.06
贵州	14.73	48.51	82.77	95.93	96.11	98.29	98.97	99.70	92.12
云南	40.33	64.92	87.31	95.08	94.51	96.63	94.93	93.74	88.79
陕西	40.09	70.16	84.57	94.78	95.67	96.18	96.51	98.79	97.09
甘肃	44.16	74.73	84.72	91.60	96.07	95.97	95.49	95.59	93.43
青海	48.39	61.64	52.98	56.46	48.03	55.14	56.36	53.49	62.40
宁夏	67.94	86.47	96.24	98.28	98.25	100.00	99.44	99.23	94.78
新疆	44.33	69.11	89.35	95.34	91.12	97.99	97.36	93.61	97.01
全国	24.56	77.43	87.30	88.19	89.03	89.39	88.41	86.49	84.11

资料来源：笔者根据中国土地市场网相关数据整理所得。

1.2.3　工业用地出让均价现状

（1）工业用地出让均价分析

2007~2020 年，我国各省份工业用地出让均价如表 1-7 所示。总体来看，我国工业用地出让均价几乎呈线性增长，2020 年北京和上海两地工业用地出让均价突破 1000 元/平方米，而 2007 年工业用地出让均价最高为上海，达到 424.41 元/平方米，最低为青海，仅为 21.09 元/平方米，最高出让均价是最低出让均价的 20 余倍；2020 年，北京的工业用地出让均价达到 1245.61 元/平方米，上海达到 1105.99 元/平方米，工业出让地价较低的三个省份分别为新疆、宁夏和青海，地价分别为 77.37 元/平方米、84.16 元/平方米、97.84 元/平方米，最高价是最低价的 16 倍有余。研究期间，我国工业用地出让均价呈上涨趋势，工业用地出让价格在地区间差距呈缩小态势，但增长速度仍有较大差异，北京、海南、广东、重庆等省份地价增长率超过 100%，而安徽、新疆、四川增长率不超过 50%。

其中以北京为代表工业用地出让均价在 14 年间增长了 10 倍多，这与北京的地理位置和经济发展定位相关。从区位来看，东部沿海地区普遍工业用地出让均价上涨较高，中部次之，西部上涨幅度较小。

表 1-7　2007～2020 年工业用地出让均价　　　　单位：元/平方米

年份 省份	2007	2009	2011	2013	2015	2017	2018	2019	2020
北京	107.53	333.14	198.14	613.25	758.25	2214.51	628.27	1397.52	1245.61
天津	190.83	70.79	313.30	326.40	435.10	470.32	517.29	552.58	561.07
河北	121.98	152.18	178.05	203.15	230.84	241.26	274.60	269.66	304.28
山西	101.40	154.83	170.54	193.18	211.33	214.13	232.72	262.00	295.91
内蒙古	64.40	83.06	89.60	97.82	98.67	122.09	98.71	102.51	120.52
辽宁	134.75	228.34	258.84	240.24	281.83	243.14	288.84	261.20	284.64
吉林	71.45	146.57	228.52	207.87	230.53	297.37	282.49	278.19	302.41
黑龙江	97.86	160.68	170.98	168.54	168.59	152.25	176.21	170.47	197.02
上海	424.41	393.95	544.63	722.38	1180.94	1279.66	1556.31	2096.27	1105.99
江苏	196.51	253.83	236.00	246.34	265.67	274.56	297.61	291.01	302.02
浙江	253.95	297.39	333.52	408.58	447.88	469.37	496.59	563.50	615.16
安徽	139.15	170.66	170.57	170.23	186.53	179.14	175.06	168.33	172.16
福建	118.13	180.28	172.01	200.04	225.25	227.10	253.52	256.29	287.35
江西	74.51	53.53	107.67	123.34	122.98	133.37	127.45	133.00	134.66
山东	164.26	187.27	209.10	220.46	249.75	250.91	280.48	280.38	303.11
河南	129.01	136.48	175.41	185.85	228.45	242.10	262.80	280.94	275.92
湖北	124.30	186.18	188.81	194.16	211.65	254.97	210.50	207.92	222.96
湖南	179.78	167.67	230.43	283.89	320.82	351.51	336.10	357.06	365.56
广东	227.53	222.80	295.83	406.71	504.93	492.61	766.89	826.06	751.31
广西	117.47	124.00	180.70	190.67	218.03	193.56	200.89	195.32	214.70
海南	81.09	163.29	190.19	246.53	390.82	434.62	352.80	371.26	395.10
重庆	95.03	194.95	407.43	348.81	316.37	280.48	298.93	321.34	306.52
四川	144.76	116.52	161.45	173.59	187.92	206.73	201.87	187.64	205.28
贵州	84.24	130.43	147.89	158.06	180.19	235.26	242.41	260.61	254.81
云南	144.09	30.07	215.09	249.94	294.05	234.09	265.19	262.20	273.91
陕西	133.94	181.01	160.00	198.60	207.08	236.97	268.70	276.21	269.38

续表

年份 省份	2007	2009	2011	2013	2015	2017	2018	2019	2020
甘肃	52.13	84.28	50.24	95.36	72.73	123.88	139.20	120.79	150.82
青海	21.09	71.12	75.77	119.29	92.38	73.25	102.72	80.97	97.84
宁夏	43.79	108.19	83.17	78.47	89.84	93.50	103.22	101.32	84.16
新疆	59.15	76.62	59.76	56.47	64.01	49.11	62.90	74.01	77.37
全国	143.28	144.97	196.50	207.29	235.84	256.37	275.61	280.91	296.23

资料来源：笔者根据中国土地市场网相关数据整理所得。

（2）工业用地协议出让均价分析

2007~2020 年，我国各省份工业用地协议出让均价如表 1-8 所示。总体来看，工业用地协议出让均价普遍较低，2007 年工业用地协议出让均价最高为 389.59 元/平方米，最低为 14.48 元/平方米；2020 年，除了北京和广东两地工业用地协议出让均价达到 1000 元/平方米以上，其他省份工业用地协议出让均价不足 500 元/平方米，最低为 61.90 元/平方米。由此可见，协议出让的工业用地一般带有政府主导性，协议出让均价较低，获得工业用地的企业补贴就相对较高，更有利于以地招商引资，但不利于提升工业用地市场化水平。

表 1-8　2007~2020 年工业用地协议方式出让均价　单位：元/平方米

年份 省份	2007	2009	2011	2013	2015	2017	2018	2019	2020
北京	92.69	136.31	116.78	442.62	270.64	476.04	184.34	447.82	1573.65
天津	188.45	279.72	244.55	133.01	146.89	372.86	353.29	766.55	407.81
河北	114.88	127.87	189.31	200.58	243.93	208.43	264.37	183.10	204.66
山西	99.51	152.60	162.00	137.73	186.96	201.37	56.03	239.43	202.48
内蒙古	62.28	50.62	58.03	70.22	55.28	81.53	77.85	73.73	232.35
辽宁	102.84	116.89	177.65	86.97	106.11	150.50	245.25	110.22	122.17
吉林	64.60	107.77	119.52	151.29	110.99	110.68	65.14	152.33	141.54
黑龙江	104.71	129.91	177.80	149.42	185.36	153.12	179.61	105.99	183.76
上海	389.59	349.49	502.71	446.41	614.00	1035.41	1157.70	—	—

续表

年份 省份	2007	2009	2011	2013	2015	2017	2018	2019	2020
江苏	190.45	230.74	256.23	260.62	205.11	289.40	279.13	202.05	304.23
浙江	275.04	276.67	354.60	394.13	334.02	344.28	343.57	393.42	488.02
安徽	116.72	239.66	80.35	249.74	128.12	48.60	136.70	95.82	139.97
福建	103.20	114.37	306.57	173.58	127.88	119.30	95.58	237.23	164.17
江西	43.87	51.84	105.60	162.88	121.91	102.18	95.08	27.90	164.91
山东	160.84	168.44	222.10	228.15	318.12	251.41	234.04	288.96	257.66
河南	115.15	95.50	198.85	180.62	246.75	254.58	358.42	349.49	174.73
湖北	118.01	126.22	135.79	157.37	126.51	267.84	120.14	207.81	474.13
湖南	185.62	157.97	135.77	130.64	399.30	253.29	186.74	115.98	235.31
广东	223.27	100.32	137.92	331.45	888.81	191.00	659.59	773.77	1003.40
广西	108.58	92.03	227.31	201.55	151.01	284.42	201.96	101.45	158.31
海南	71.19	132.52	54.81	190.38	—	—	—	434.99	—
重庆	70.45	48.68	374.31	194.87	124.25	216.76	—	57.00	403.35
四川	144.55	121.72	112.27	136.53	155.06	80.19	167.45	165.84	234.04
贵州	84.00	99.79	91.82	129.69	175.58	120.73	106.92	—	117.71
云南	158.73	4.69	104.92	46.81	172.79	59.97	186.22	240.56	185.88
陕西	117.53	238.87	215.43	218.95	137.95	294.53	209.69	179.30	174.33
甘肃	59.64	67.55	104.03	83.39	35.21	63.50	133.03	203.69	132.59
青海	14.48	78.84	66.78	99.12	83.04	118.14	110.23	45.53	68.16
宁夏	27.57	48.05	81.01	59.27	59.17	—	112.00	60.01	61.90
新疆	64.05	119.69	88.82	83.33	300.81	74.35	82.20	65.10	88.26
全国	141.33	92.76	163.64	170.26	264.88	194.66	212.24	193.90	321.64

资料来源：笔者根据中国土地市场网相关数据整理所得。

（3）工业用地挂牌出让均价分析

2007~2020 年，我国各省份工业用地挂牌出让均价如表 1-9 所示。总体来看，2007~2020 年工业用地挂牌出让均价呈波动上升趋势。2007 年，工业用地挂牌出让均价最高为 500.96 元/平方米，最低为 36.25 元/平方米，前者高于协议出让均价；2020 年，全国工业用地挂牌出让均价为 294.37 元/平方米，协议出让均价为 321.64 元/平方米，挂牌出让均价低于协议出让均价。截止到 2020 年，工业用地挂牌出让价格较高的省份普遍在北京、广东、浙江、上海等发达地区，而西部地区如新疆、青海、宁夏等挂牌出让均价普遍较低，说明缺乏区位垄断性的西部地区的工业用地仍是政府参与招商引资竞争及晋升竞争的利器，其工业用地出让缺乏有效竞争。

表 1-9　2007~2020 年工业用地挂牌方式出让均价　单位：元/平方米

年份 省份	2007	2009	2011	2013	2015	2017	2018	2019	2020
北京	461.20	402.21	223.36	634.85	814.71	2356.81	1200.04	1439.63	1224.71
天津	265.58	48.04	315.95	333.10	440.80	472.16	530.94	544.08	584.92
河北	136.00	156.81	172.57	200.05	230.31	236.37	264.86	263.58	299.53
山西	110.01	150.61	164.02	195.36	214.83	216.05	298.14	264.34	299.65
内蒙古	66.94	102.40	93.09	99.68	102.39	123.40	100.09	104.33	112.65
辽宁	253.05	243.28	266.56	271.99	296.91	244.61	289.47	290.64	298.78
吉林	70.90	157.54	240.72	213.93	252.24	313.34	296.86	286.54	307.10
黑龙江	95.98	172.46	148.99	164.00	165.16	152.17	176.01	178.27	198.00
上海	500.96	396.24	545.66	758.36	1186.59	1284.69	1562.52	2096.27	1105.99
江苏	217.87	255.09	235.24	245.72	266.04	274.46	297.95	291.41	302.00
浙江	221.75	285.68	333.20	402.17	450.23	472.01	512.49	605.01	635.16
安徽	179.03	168.70	172.76	170.25	189.75	180.53	174.10	170.54	173.38
福建	199.61	180.31	170.02	200.67	229.80	231.78	259.73	255.38	268.19
江西	106.30	47.54	104.45	113.07	117.80	133.12	122.72	130.23	128.56
山东	180.73	190.98	207.82	215.73	236.86	245.94	279.75	276.35	298.28
河南	172.00	144.23	172.13	186.25	227.37	242.27	263.78	283.31	271.76
湖北	155.72	190.70	191.49	198.96	217.36	256.58	212.57	209.19	224.04
湖南	163.57	166.28	233.87	290.40	321.29	352.18	336.73	360.56	369.36
广东	261.66	268.66	317.19	425.70	498.10	516.47	828.67	871.58	771.58
广西	129.68	135.25	181.27	190.85	220.07	192.40	202.58	201.50	216.54
海南	83.94	174.96	190.41	246.93	390.82	434.62	352.80	364.10	395.10
重庆	118.63	197.95	413.20	344.78	311.65	279.20	296.21	319.85	299.48
四川	146.52	115.90	166.55	175.50	189.12	209.67	201.32	189.05	204.07

续表

年份 省份	2007	2009	2011	2013	2015	2017	2018	2019	2020
贵州	86.03	151.69	156.54	158.18	180.25	235.65	242.75	259.08	259.99
云南	119.39	164.80	228.68	269.39	298.01	235.81	272.86	265.61	282.83
陕西	134.42	165.54	151.17	197.75	207.96	235.22	269.90	277.01	271.50
甘肃	36.25	89.97	40.27	97.06	77.06	126.51	139.44	114.96	151.96
青海	69.46	65.34	97.41	140.20	99.13	53.00	98.28	118.12	121.74
宁夏	46.62	115.64	83.19	78.52	90.05	93.50	103.20	101.37	84.56
新疆	53.19	62.09	58.03	54.82	54.47	48.90	62.76	75.71	77.15
全国	148.08	151.87	197.60	209.32	236.19	258.58	278.77	285.20	294.37

资料来源：笔者根据中国土地市场网相关数据整理所得。

（4）工业用地与商服用地出让均价比值分析

2007~2020 年，我国各省份工业用地与商服用地出让价格的比值如表 1-10 所示。从全国总体来看，研究期间工业用地与商服用地出让均价比值呈现先下降再上升再下降趋势。2007 年，比值最小的省份为江西，比值仅为 0.21%，其次为新疆、北京、福建，比值最大的省份为云南，比值为 87.85%，再次是山西、湖南；2020 年，比值最小为 4.50%，最大为 17.91%。2020 年，工业用地与商服用地的比值较小的省份多集中在东部地区，如上海、北京、广东、江苏等，说明这些省份商服用地出让价格较高而工业用地出让价格相对较低，而中西部地区如山西、内蒙古、云南等地比值较大，表明这些省份工业用地价格和商服用地价格出让差距较小。随着工业用地要素市场化配置不断深化，工业用地出让价格与商服用地出让价格的差距在逐渐缩小，但地方政府财政压力较大，通过出让商服用地来获得短期收益，这种行为最直接的结果就是造成了商服地价的大幅上涨，最终形成了一种用地价格的级差式分化现象。

表 1-10 　2007~2020 年工业用地与商服用地出让价格的比值　　单位：%

年份 省份	2007	2009	2011	2013	2015	2017	2018	2019	2020
北京	2.45	6.63	1.35	5.61	2.48	11.77	3.29	4.50	4.84

续表

年份 省份	2007	2009	2011	2013	2015	2017	2018	2019	2020
天津	16.48	2.19	12.48	8.08	17.38	15.47	7.90	9.97	6.90
河北	25.96	40.33	19.73	17.14	18.43	14.62	17.23	14.85	6.62
山西	52.35	24.26	19.30	14.51	18.34	15.29	11.58	11.71	17.91
内蒙古	22.20	19.45	13.65	12.74	20.00	22.23	10.69	13.21	15.99
辽宁	17.88	21.59	13.61	15.28	19.24	23.42	17.33	17.62	17.33
吉林	16.89	31.79	22.73	16.11	22.85	15.55	17.70	24.29	15.18
黑龙江	22.90	26.82	32.62	25.39	24.12	11.91	19.84	20.88	15.72
上海	9.50	3.79	6.63	2.93	4.13	4.69	3.55	5.04	5.76
江苏	23.80	14.30	8.57	10.04	9.99	6.61	6.89	7.45	6.69
浙江	15.32	12.11	9.47	11.09	19.69	11.82	10.16	7.96	10.38
安徽	29.56	20.20	12.62	8.99	8.58	8.70	7.93	8.58	8.38
福建	4.93	8.21	9.33	7.59	5.41	13.28	11.38	10.08	6.82
江西	0.21	7.21	11.66	7.99	6.84	6.79	5.07	5.50	4.50
山东	28.77	50.99	16.23	15.12	18.03	12.47	11.56	11.41	10.72
河南	24.82	22.61	16.35	16.20	15.43	12.14	11.27	15.69	12.49
湖北	35.23	18.51	18.29	12.29	10.89	12.38	5.98	9.78	6.01
湖南	47.77	27.13	15.34	18.55	19.40	17.69	14.22	14.22	15.62
广东	23.70	20.37	16.39	6.93	5.60	3.94	5.58	4.24	5.81
广西	30.00	20.94	13.79	17.76	20.06	12.55	8.51	11.65	13.53
海南	5.89	15.97	13.41	13.98	14.31	19.02	8.59	5.07	9.14
重庆	8.72	8.93	15.04	12.77	8.49	8.76	12.16	13.66	8.39
四川	9.62	8.43	9.93	11.62	9.48	7.21	9.92	8.34	8.80
贵州	16.48	19.21	16.79	13.40	16.50	15.91	12.54	14.59	13.31
云南	87.85	51.36	13.17	19.87	27.78	17.86	13.79	12.84	17.13
陕西	29.12	32.27	17.09	16.92	21.77	27.61	17.47	13.04	9.00
甘肃	18.75	18.40	12.35	29.21	12.95	13.90	19.87	9.67	10.77
青海	16.55	26.24	25.59	13.95	19.27	17.79	8.14	6.30	13.08
宁夏	17.03	39.99	10.82	11.48	10.14	21.09	21.79	12.65	15.96
新疆	1.81	26.62	19.40	12.23	10.21	3.76	4.83	9.16	9.58
全国	29.46	75.86	10.89	10.74	11.43	9.78	9.18	9.60	10.27

资料来源：笔者根据中国土地市场网相关数据整理所得。

（5）工业用地与住宅用地出让价格比值分析

2007~2020年，我国各省份工业用地与住宅用地出让价格的比值如表1-11所示。从具体数值看，工业用地与住宅用地出让价格比值普遍小于30%，说明工业用地出让价格还不足住宅用地的1/3，2007年比值最大为31.91%，最小为0.06%，到2020年比值最大为11.75%，最小为2.68%，说明工业用地出让价格虽然在提高，但是住宅用地出让价格增速更快。2007年，比值较小的前三个省份分别是黑龙江、山东和北京，比值较大的前三个省份分别是上海、云南和海南；2020年，比值较大的前三个省份分别为吉林、湖南和黑龙江，比值较小的前三个省份分别为福建、北京和江苏。居住用地出让价格偏高时，地方政府可以从中获得较高的土地出让金收入，并且该部分收入足以弥补工业用地的低价出让成本，因此地方政府会在工业用地出让时，开出更多的优惠条件来吸引资本的进入，进而以较低的地价来换取较大的机会成本。工业用地与住宅用地价格比值小于工业用地与商服用地价格比值，由此可见，发达地区住宅用地价格相对较高，高房价推动地价快速上涨，服务业成为地区的主导产业引领整个城市的发展，工业逐渐退出城市的中心地位导致工业地价上涨较慢。

表1-11　2007~2020年工业用地与住宅用地出让价格比值　　单位:%

年份 省份	2007	2009	2011	2013	2015	2017	2018	2019	2020
北京	2.25	3.78	2.93	5.28	2.52	5.93	1.34	3.85	2.83
天津	9.84	3.85	10.65	7.89	4.50	3.67	3.11	4.29	5.02
河北	13.76	15.50	12.42	12.37	11.31	10.95	10.22	8.39	7.91
山西	21.57	18.06	15.77	12.39	9.25	7.17	6.31	7.35	8.77
内蒙古	20.00	26.28	13.50	10.09	13.54	12.42	8.16	5.87	6.91
辽宁	19.45	19.51	14.97	11.38	16.56	9.06	10.20	7.55	6.00
吉林	15.64	30.77	16.29	15.26	14.50	19.40	13.35	14.24	11.75
黑龙江	0.06	21.80	20.48	14.53	17.41	8.60	9.53	9.56	10.34
上海	31.91	7.98	10.17	8.73	7.61	4.43	9.14	11.09	6.17
江苏	15.84	10.61	8.54	7.48	6.14	3.65	3.94	3.84	3.28

续表

年份 省份	2007	2009	2011	2013	2015	2017	2018	2019	2020
浙江	9.25	6.63	5.94	6.84	7.25	4.61	4.28	4.49	4.32
安徽	19.74	11.35	8.13	7.56	7.85	4.83	3.87	4.14	4.02
福建	3.84	3.95	5.35	4.73	3.28	1.92	2.07	2.65	2.68
江西	10.46	7.26	5.98	5.31	5.27	3.79	3.01	3.10	3.30
山东	1.83	24.44	14.46	12.77	12.35	10.17	9.41	7.68	7.67
河南	17.46	19.37	15.57	13.31	11.24	9.04	9.19	8.96	8.25
湖北	18.07	15.43	9.54	9.41	8.92	10.18	4.83	5.61	6.03
湖南	22.91	35.72	21.18	18.64	17.91	18.03	14.76	11.68	11.70
广东	15.60	9.45	15.35	12.43	9.23	6.94	8.78	8.02	6.41
广西	19.62	20.73	13.02	9.65	8.10	6.94	9.68	6.87	6.28
海南	25.00	20.85	18.65	17.47	17.86	15.43	3.86	6.48	5.96
重庆	9.56	11.70	14.52	11.70	9.38	7.14	4.64	6.34	5.40
四川	8.28	8.14	8.25	6.10	7.64	7.11	3.70	3.92	4.06
贵州	15.49	20.67	12.85	12.85	14.52	21.54	14.48	13.64	9.68
云南	29.31	6.22	12.44	15.93	23.73	12.82	9.54	9.23	8.88
陕西	17.11	4.40	10.95	12.68	12.87	11.91	11.98	8.51	8.09
甘肃	11.70	9.85	4.07	13.18	5.79	6.10	6.96	7.49	6.05
青海	12.99	6.43	5.79	19.71	8.05	7.69	3.48	2.83	3.48
宁夏	12.41	17.55	12.42	9.68	7.80	7.91	7.11	6.84	5.90
新疆	20.19	2.22	14.17	8.85	8.81	6.06	4.56	2.54	4.91
全国	13.69	24.94	11.09	9.26	8.39	5.10	6.00	5.55	5.37

资料来源：笔者根据中国土地市场网相关数据整理所得。

1.2.4 工业用地出让金现状

2007~2020 年，全国工业用地出让金占建设用地总出让金的比重呈现先下降再上升再下降的趋势，第一次下降的原因是工业用地最低限价出台后的几年里工业用地挂牌出让价格不高，依旧存在大量协议出让情况，工业用地出让面积减少导致出让金占比下降，而后随着要素市场化程度提高，工业用地以协议方式出让的比例减少，工业地价逐步趋向市场化竞争配置，使工业用地出让金增加，如表 1-12 所示。2007 年，工业用地出让金占比最高为 33.92%，最低为 0.03%；2020 年，工业用地出让金占比最高为 10.27%，最低为 0.96%。工业用地出让金占比较高的地区多为中西部，而东部经济发达地区工业用地出让金占比偏低，表明经济发达地区不以工业用地出让金为获取土地财政收入的主要方式，且地区服务业发展水平较高，对工业用地的需求相对较少，而欠发达地区依赖工业用地发展程度相对较高。

表 1-12　工业用地出让金占建设用地总出让金的比重　　　　单位:%

年份 省份	2007	2009	2011	2013	2015	2017	2018	2019	2020
北京	4.35	4.62	1.70	1.95	0.51	1.29	0.31	0.74	0.96
天津	7.83	19.49	15.11	9.40	8.66	4.51	3.98	3.21	5.79
河北	13.87	17.18	12.25	10.48	12.23	8.51	8.90	9.62	7.16
山西	5.31	19.13	19.71	9.67	10.98	7.27	7.41	7.48	9.34
内蒙古	12.99	15.69	11.69	12.73	20.92	16.12	8.65	12.04	10.27
辽宁	12.40	22.74	11.12	8.98	13.46	10.06	7.67	8.00	8.30
吉林	3.50	17.11	17.26	14.05	14.10	11.29	7.41	5.30	6.62
黑龙江	0.03	12.06	13.94	14.00	13.96	7.29	10.81	10.31	7.68
上海	0.83	5.65	8.48	3.50	1.72	2.16	3.19	4.55	2.61
江苏	3.60	10.66	8.97	5.84	6.05	4.44	5.91	4.16	3.45
浙江	8.74	7.73	9.75	7.34	8.86	5.12	5.70	4.52	4.69
安徽	21.01	14.89	12.60	6.82	6.99	4.28	4.87	3.99	4.98
福建	4.84	7.35	0.04	6.28	5.11	3.46	3.96	3.94	3.18
江西	0.35	15.43	12.83	8.52	6.25	4.44	4.18	3.73	2.94
山东	0.43	16.94	13.04	12.90	12.58	4.71	5.67	5.69	6.41
河南	13.93	8.67	16.45	11.92	11.79	5.27	4.60	4.12	4.94
湖北	15.74	20.48	17.55	13.05	9.44	6.71	5.17	5.20	3.55
湖南	17.14	19.20	12.37	9.78	12.21	10.47	5.98	6.49	6.88
广东	17.62	5.75	8.04	7.97	9.64	6.54	6.73	6.80	6.08
广西	17.26	8.88	12.76	8.91	8.44	7.03	6.99	6.72	6.50
海南	3.87	1.91	4.19	3.17	1.36	1.22	1.83	3.34	7.90

年份 省份	2007	2009	2011	2013	2015	2017	2018	2019	2020
重庆	5.20	8.17	13.76	4.95	6.09	3.68	2.97	4.59	3.57
四川	6.80	9.21	10.48	5.90	5.75	3.43	2.18	2.64	3.07
贵州	9.61	6.39	13.42	6.80	6.33	6.74	5.13	4.33	5.46
云南	15.43	7.39	4.36	6.46	12.31	6.52	3.94	4.59	4.10
陕西	11.04	7.26	13.16	10.54	12.09	12.49	6.58	7.70	5.92
甘肃	15.42	3.67	15.07	16.54	6.45	9.17	6.10	6.37	3.43
青海	30.35	8.89	14.70	13.55	14.23	8.79	5.59	3.06	2.93
宁夏	33.92	10.72	13.91	14.04	22.78	21.62	13.21	19.64	8.19
新疆	3.96	0.74	9.94	15.10	10.92	7.76	3.81	8.37	5.96
全国	1.55	10.55	1.05	8.14	7.94	5.26	5.25	5.14	4.88

资料来源：笔者根据中国土地市场网相关数据整理所得。

1.3 工业用地市场化配置的政策演变

1.3.1 计划经济下土地无偿划拨使用（1949~1986 年）

新中国成立初期建立了集中统一的计划经济体制，所有生产资料和生活用品统一归国家所有，采用定额供给的方式。社会主义改造完成后，国家通过购买等方式实现土地的国有化。1954 年《中华人民共和国宪法》的颁布标志着我国在法律层面上确立了土地国有化这一制度，并形成了一套与计划经济体制相适应的土地管理和土地利用模式，国家把国有建设用地无偿划拨给用地单位无限期使用。这一时期，土地不能作为商品存在，不能在市场间自由流动，也基本不存在与土地相关的土地收益、土地租金、土地市场、土地价格等概念，国家控制土地是以行政划拨方式赋予土地管理部门自由裁量权，工业用地无偿划拨对新中国成立后迅速恢复工业生产、建立以重工业为主的工业结构体系发挥了积极作用，为改革开放之后我国经济的高速增长奠定了坚实基础。

1.3.2　市场经济初期土地使用权有偿出让初探（1987~2000 年）

党的十一届三中全会以来，随着我国经济体制改革不断深化，计划经济向市场经济逐步过渡，对开放城市土地市场的需求愈加迫切。1987 年 4 月，国务院第一次提出了土地使用权可以有偿转让的政策，同年 9 月，深圳市以定向议标的方式成功出让了第一块国有土地使用权，开启了我国城市土地使用制度改革的先例。1988 年 4 月，第七届全国人大一次会议根据中共中央的建议对《中华人民共和国宪法》第十条第四款进行修改，废除了土地不得出租的规定，增加了"土地的使用权可以依照法律的规定转让"，为土地使用权出让提供了法律依据。1988 年 12 月，第七届全国人大常务委员会第五次会议又进一步对《中华人民共和国土地管理法》第 2 条进行修改，补充规定"国有土地和集体所有的土地的使用权可以依法转让""国家依法实行土地有偿使用制度"，并授权国务院制定国有土地有偿使用和土地使用权转让的具体办法。《中华人民共和国宪法》和《中华人民共和国土地管理法》的修订，确立了土地有偿使用制度的法律地位，实现了土地有偿使用制度从无到有的跨越。

1990 年后，市场经济逐渐取代计划经济，工业化、城镇化进程日益加快，农业用地大规模向城镇建设用地转化，我国工业用地配置全面进入协议出让阶段。1990 年 5 月，《中华人民共和国城镇国有土地使用权出让和转让暂行条例》（国务院令第 55 号）颁布，规定包括工业用地在内的城镇国有土地可以采取协议、招标、拍卖的方式进行出让，标志着全面结束了城市建设用地无偿、无限期、无流动的使用，意味着我国工业用地正式进入有偿使用阶段。党的十四届三中全会决定把土地使用制度改革作为整个经济体制改革的重要组成部分，并且明确规定了规范和发展土地市场的内容和要求。自此之后，通过市场进行土地资源配置的范围不断扩大，土地使用权有偿、有限期出让制度逐渐扩展到全国各地。

这一时期，工业用地的有偿有限期使用基本通过协议出让方式完成，价格低廉导致工业企业"圈大用小"现象严重,造成了工业用地闲置、低效利用。城市建设用地协议出让开创了我国土地有偿出让制度的新局面,但由于出让价格不是由市场确定,带有一定的行政色彩,且缺乏有效竞争,因此土地使用权价值未能在市场中体现出来(柴志春等,2012)。我国于1994年实行分税制财政管理体制改革,地方政府也由此被赋予了特殊的经济利益主体角色,即需要更加主动地解决地方发展面临的财政资金来源问题,同时官员晋升考核机制的核心又是以GDP为主,这就使地方政府官员同时面临着财政压力和晋升博弈的双重困境。为了能够解决本地发展所需资金问题,各地竞相出台政策以实现招商引资,其中扭曲工业用地价格便成为地方政府彼此间横向竞争的重要方式。

经过十几年的尝试和改进,我国土地使用权制度改革逐渐推进。但受制于历史条件,在较长一段时间内,土地出让与土地划拨机制在我国双轨并行,协议出让方式也在此过程中占据重要地位。由于在行政划拨和协议出让中地方政府就土地价格和地块开发条件等自由裁量权过大,可能导致政府官员寻租和腐败,政府无法合理分享市场化的土地出让收益,使国有土地资产流失,制约了土地市场的健康发展,因此此阶段只是土地市场建立的试探阶段,仍然存在诸多不完善的方面。

1.3.3 市场经济发展期土地招拍挂制度基本完善(2001~2012年)

随着市场经济的全面发展,协议出让的行政色彩和较差的竞争性开始阻碍土地使用权价值的充分体现,亟须改革建设用地配置方式,提高土地资源的市场化配置效率。2001年4月,《国务院关于加强国有土地资产管理的通知》(国发〔2001〕15号)明确提出,"国有建设用地供应,除涉及国家安全和保密要求外,都必须向社会公开。商业性房地产开发用地和其他土地供应计划公布后同一地块有两个以上意向用地者的,都必须由市、县人民政府土地行政主管部门依法以招标、拍卖方式提供",首次明确了招标、拍卖的适用范围和界限。2002年5月,原国土资源部发布《招标拍卖挂牌出让国有土地使用权规定》(国土资源部令第11号),加入挂牌土地出让形式的重要内容,明确规定:"商业、旅游、娱乐和商品住宅等各类经营性用地，必须以招标、拍卖或者挂牌方式出让。前款规定以外用途的土地的供地计划公布后，同一宗地有两个以上意向用地者的，也应当采用招标、拍卖或者挂牌方式出让。"2004年10月，《国务院关于深化改革严格土地管理的决定》（国发〔2004〕28号）首次提出，"工业用地也要创造条件逐步实行招标、拍卖、挂牌出让"，加快推进土地资源的市场化配置。但由于中央政府并未强制规定地方政府必须采取公开竞价方式，地方政府则担心招标、拍卖、挂牌会造成工业用地出让价格提高，从而对招商引资产生不利影响，因此多数地方政府并未积极采取"招拍挂"方式（万江，2012）。该文件并未对工业用地出让方式产生重大影响，《中国国土资源统计年鉴》显示，2004~2006年工业用地出让仍以协议方式为主，其占出让供应总量的比例分别为95.06%、95.24%、96.75%。

为了解决工业用地市场化配置不足现象，2006年8月，国务院出台的《关于加强土地调控有关问题的通知》（国发〔2006〕31号）明确规定："工业用地必须采用招标拍卖挂牌方式出让，其出让价格不得低于公布的最低价标准。""工业用地出让最低价标准不得低于土地取得成本、土地前期开发成本和按规定收取的相关费用之和。"2006年12月，原国土资源部公布《全国工业用地出让最低价标准》（国土资发〔2006〕307号），该文件规定："工业用地必须采用招标拍卖挂牌方式出让，其出让底价和成交价格均不得低于所在地土地等别相对应的最低价标准。"这标志着工业用地市场化改革全面开始。为贯彻国务院31号文件，落实工业用地招标拍卖挂牌出让制度，2007年4月，《国土资源部　监察部关于落实工业用地招标拍卖挂牌出让制度有关问题的通知》（国土资发〔2007〕78号）规定了工业用地招拍挂出让的范围、时点以及关键环节等细则内容，并在全国开展工业用地招拍挂出让情况的执法监察。2009年8月，为进一步完善工业用地出让制度，原国土资源部印发了《国土资源部　监察部关于进一步落实工业用地出让制度的通知》（国土资发〔2009〕101号），至此，我国工业用地招拍挂出让制度正式形成。

2007年以来，招拍挂出让成为我国工业用地供应的主要方式，挂牌出让因竞争程度低、操作简单被广泛采用，仅部分宗地由于城市规划调整、经济形势变化、企业转型等采取协议出让方式，工业用地基本实现市场化配置。上述一系列政策对政府工业用地出让行为给予了强力约束，极大地压缩了地方政府恶性竞争、企业竞相压价的空间，对于建立合理的工业用地出让价格体系、抑制工业用地低成本蔓延扩张、保障土地所有者合法权益等方面都发挥了重要作用。

1.3.4 土地要素市场化配置改革期（2013~2020 年）

随着我国改革逐渐步入深水区，土地要素市场化配置的重要性越发凸显，并始终受到重视。党的十八届三中全会通过的《中共中央关于全面深化改革若干重大问题的决定》提出"处理好政府和市场的关系，使市场在资源配置中起决定性作用和更好发挥政府作用""建立城乡统一的建设用地市场"。2015 年 9 月，中共中央、国务院印发的《生态文明体制改革总体方案》提出："改革完善工业用地供应方式，探索实行弹性出让年限以及长期租赁、先租后让、租让结合供应。"随后深圳、上海、广州、浙江、湖南、北京等地相继试点了工业用地"弹性年限出让"，且分别从年限设置、价格规则、出让方式、分割转让等方面制定了一系列实施细则，但在工业用地供地中，采取"弹性出让"的案例仍较少，工业用地"弹性出让"制度还处于试点阶段。2017 年 10 月，党的十九大报告强调"经济体制改革必须以完善产权制度和要素市场化配置为重点"。2018 年 3 月，《政府工作报告》提到"加快技术、土地等要素价格市场化改革"。2019 年 7 月，国务院办公厅印发的《关于完善建设用地使用权转让、出租、抵押二级市场的指导意见》提出，优化划拨土地转让流程、保障出让土地交易自由、完善作价出资或入股土地转让规定，完善土地分割合并转让政策等措施，促进存量土地进入二级市场转让盘活等内容，成为我国首个专门规范土地二级市场的重要文件，指引着城市土地二级市场的进一步完善。2019 年 5 月，自然资源部办公厅出台了《产业用地政策实施工作指引（2019 年版）》，其核心思想是深化土地供给侧结构性改革、推动高质量发展，对以划拨方式取得国有建设用地使用权，以协议出让方式取得国有建设用地使用权，以长期租赁、先租后让、租让结合、弹性年期方式供应国有建设用地使用权，以作价出资（入股）方式供应国有建设用地使用权等做了细化说明，提出通过完善产业用地政策，因地制宜创新闲置和低效用地再开发配套措施，不断推进城市土地市场的完善。

2020年3月，中共中央、国务院出台的《关于构建更加完善的要素市场化配置体制机制的意见》明确提出"深化产业用地市场化配置改革"，"在符合国土空间规划和用途管制要求前提下，调整完善产业用地政策，创新使用方式，推动不同产业用地类型合理转换，探索增加混合产业用地供给"。2020年5月，中共中央、国务院出台的《关于新时代加快完善社会主义市场经济体制的意见》进一步强调"构建更加完善的要素市场化配置体制机制"，"推进要素市场制度建设，实现要素价格市场决定、流动自主有序、配置高效公平"。土地要素市场化配置改革不仅是土地管理领域的重大制度改革，还是公共政策与社会治理中的关键问题。深化土地要素市场化配置改革有利于释放巨大的经济发展潜能和缓解社会矛盾冲突，对推动高质量发展具有重要意义。这些政策性文件以及官方表述都充分说明了以市场化方式进行工业用地要素优化配置是我国社会主义市场经济发展的应有之义。

1.4　文献研究综述

1.4.1　土地配置行为的影响效应研究

（1）土地配置对经济增长的影响

对于地方政府控制下的土地配置行为与经济增长之间的关系探讨，主要聚焦于土地出让行为对经济增长的影响，其基本逻辑框架在于地方政府通过土地配置价格差异化来影响地区经济增长。中国权力下放的改革给地方政府提供了政策选择空间（Hu，1996），地方政府运用土地政策参与宏观调控（李名峰，2010；刘守英等，2022），对经济发展会有正、反两方面影响。

一方面，研究认为城市建设用地是重要的生产要素，土地要素投入对经济增长具有重要贡献（Ngai，2004；叶剑平等，2011；王建康、谷国锋，2015），而且会带来产业结构转变（闫昊生等，2020），有效推动生产性公共基础设施投资与建设（王贤彬等，2014；储德银、费冒盛，2020），直接或通过影响城市化和工业化间接对经济增长产生影响（颜燕等，2013；杜雪君、黄忠华，2015）。地方政府土地出让逻辑表现为通过土地价格、基础设施建设和经济增长形成强化型循环机制，推动地区经济增长（郑思齐等，2014），以低价出让土地作为吸引外来资本的代价，对中国经济增长做出了巨大贡献。土地出让市场化改革的"制度红利"不仅优化了土地资源配置，提高了土地利用效率（Du et al.，2014；Zhang，1997），还减少了地价扭曲（王媛、杨广亮，2016），促进了经济发展（徐升艳等，2018；孙欣等，2021）。城市土地配置市场化也影响着企业行为，工业用地价格的负向扭曲会降低本地区企业的全要素生产率（张莉等，2019），企业不断进入退出既是"创造性毁灭"的过程，也是生产要素配置效率调整优化的过程（杨汝岱，2015；Mao and Sheng，2017；席强敏、梅林，2019；田文佳等，2020）。

另一方面，研究认为地方政府干预土地配置会导致城市无序扩展、农民权益受损、寻租程度加深、生态环境恶化（Liu et al.，2018；Pan et al.，2015；陈前利等，2019），甚至损害中国经济的长远发展（Pan et al.，2015），且过度依赖土地财政不利于地区全要素生产率的提升（梁强，2017）。从对土地配置行为的进一步拓展来看，商住用地出让抑制了全要素生产率的提高，而工业用地出让则相反（张先锋、王敏，2016）。以低价、协议出让的粗放型土地供给方式使得土地资源错配而导致工业企业的资源配置效率降低，尤其是对土地依赖程度较大的行业更为显著（李力行等，2016）。以土地推动发展的效力减退及不可持续性显现（刘守英等，2020；田文佳等，2021）加剧了区域分化（齐讴歌、白永秀，2018），对周边城市的经济增长产生负外部性（梁若冰、韩文博，2011）。

（2）土地配置对产业结构的影响

地方政府可以通过配置土地来经营城市，其配置行为成为影响产业结构转变的重要因素（闫昊生等，2020），政府低价、过度出让工业用地以及高价、限制性出让商住用地带来了中国制造业的超常规发展，推动了房地产业部门的高速发展，使中国成了世界制造业中心（陶然、汪晖，2010）。土地配置对经济增长存在区域间的空间溢出与互动效应，工业用地出让竞争造成了土地资源的浪费，阻碍了地区产业结构的调整与升级（梁若冰、韩文博，2011）。唐宇娣等（2020）研究认为产业用地价格差异对产业结构升级的影响会随经济发展水平的不同呈非线性关系，随着经济发展水平的提高，差别定价的产业用地供应策略对产业结构升级的影响效应将由正转负。李勇刚和王猛（2015）引入两部门非均衡增长模型，得出土地财政对产业结构服务化具有抑制作用的结论。赵祥和谭锐（2016）认为地方政府对土地财政的追逐会导致以房价为主要形式的城市拥挤成本上升，从而对用地需求较大的制造业造成负面影响，因此引发城市产业的空心化与"去工业化"并对产业结构产生扭曲效应。相对于商住地价更高的市场化水平对产业转移发挥的积极作用，工业用地价格的扭曲则被视为阻碍产业结构调整和区域间产业布局的重要原因（江飞涛等，2012；中国人民大学宏观经济分析与预测课题组等，2013；赖敏，2019）。

（3）土地配置对区域创新的影响

虽然中央政府大力倡导创新型国家建设，但是相比于"以地生财"的方式，创新活动周期长、见效慢、风险高、不确定性大（Holmstrom，1989；吴延兵，2017），地方政府在自利性偏好（Oates，2005）的驱动下也倾向于选择土地财政的发展模式，而忽视创新活动所带来的长期效应。土地财政抑制了区域创新活动，损害了长期经济增长率，抬高了以房价为代表的资产价格（高然、龚六堂，2017），而高房价抑制了企业创新，会影响企业的投资决策，对企业研发投入具有挤出效应（Zheng et al.，2018）。房地产行业的高利润率以及企业面临融资约束会驱使企业进行跨行套利，房地产行业的利润率与企业主营业务的利润率差距越大，对企业的创新活动的抑制效果越显著（陈斌开等，2015；王红建等，2016；王文春、荣昭，2014），同时土地财政对企业信贷资金存在挤出效应，也抑制了企业创新（鲁元平等，2018；李玉龙，2019；闫昊生等，2020）。地方政府在土地市场上大量过度出让工业用地和少量限制性出让商住用地的配置行为影响了城市创新能力（谢冬水，2020；毛文峰、陆军，2020；谢呈阳、胡汉辉，2020）。

1.4.2 工业用地市场化配置的研究进展

（1）工业用地市场化的衡量方式

工业用地市场化配置程度的衡量方式大致可分为四种：一是使用"招拍挂"占工业用地出让宗数或面积的比重来判定（姜旭等，2019；唐鹏等，2014）；二是以"招拍挂"或拍卖的出让单价为基准，确定各类型供地的市场化权重，同时使用供地的宗数或面积对其进行修正（钱忠好、牟燕，2012；徐升艳等，2018；吴郁玲等，2014）；三是以交易价格直接衡量市场化水平（Chen et al.，2018；张琳等，2018；刘力豪等，2015）；四是使用实际供地总收入与理论上完全市场化供地总收入（各类型供地规模与"招拍挂"单价的乘积）的比值作为衡量标准（赵雲泰等，2012），也有从土地资源的显化价值出发，通过工业用地溢价率衡量市场化水平（赵爱栋等，2016a）。从整体工业用地市场的现状看，市场化配置水平保持上升趋势，但出售价格在财政分权制与官员晋升制的双重影响下依旧偏低（安勇、赵丽霞，2021），且不同地区工业用地的出让方式和价格存在较大差异（杨其静、吴海军，2021），各区域工业用地市场化程度差异给工业用地的合理配置及有效利用带来了严峻挑战。

对工业用地市场化配置的区域间差异也有诸多研究，有以全国地级城市为研究对象，得出"城市经济水平和行政级别越高，工业用地市场化配置越完善"的结论（高菠阳等，2020）；也有分析指出东部地区市场化程度高于中西部地区，且差距存在扩大趋势（赵娜、王之禹，2018）；还有聚焦于长江三角洲，发现该区域工业用地要素的市场化配置水平具有从东向西逐渐递减的趋势（张立新等，2018），或聚焦于省份层面，得出江苏省工业用地要素的市场化配置水平具有从南向北逐渐递减的趋势（崔继昌、郭贯成，2021）。

影响工业用地市场化配置的因素一直是学术界的研究热点，大量文献对此进行了讨论。研究发现，地方官员晋升激励与财政压力（田文佳等，2019；严思齐、彭建超，2019）、基础设施建设水平（彭山桂等，2017；周玉龙等，2018）、产业结构状况（黄金升等，2017a；张立新等，2018）、土地资源禀赋（屠帆等，2017；徐思超等，2017）等是影响工业用地市场化配置的主要因素。

（2）工业用地市场化配置对经济增长的影响

在我国快速城市化背景下，城市建设用地是重要的生产要素，对经济增长具有重要贡献（Ngai，2004；丰雷等，2008；王建康、谷国锋，2015），"以地谋发展"是中国经济发展的重要驱动力（杨良敏、姜巍，2011；杜雪君、黄忠华，2015；刘守英等，2020），但以消耗土地为主要特征的发展模式亟须改变。关于工业用地出让行为对经济增长的影响研究中，其基本逻辑框架在于地方政府通过土地出让价格差异化来影响地区经济增长（罗必良、李尚蒲，2014），以低价出让工业用地作为吸引外来资本的代价，对中国经济增长产生巨大贡献，但以土地推动发展的效力减退及不可持续性则逐渐显现（刘守英等，2020），违规优惠政策下低价供应工业用地而招商引资，容易造成企业投资冲动、要素使用的低效率，进而导致宏观经济的投资过热、地方经济的产能过剩（郭庆旺、贾俊雪，2006；田伟，2007；干春晖等，2015）。城市间的地租竞争会对彼此的工业化和城镇化产生不利影响（雷潇雨、龚六堂，2014），协议方式所吸引来的投资项目往往存在技术装备水平差、投资强度低、缺乏市场竞争力等缺陷（杨其静等，2014），土地资源错配降低了城市创新能力（谢冬水，2020；毛文峰、陆军，2020）、阻碍了新旧动能转换（张苗等，2020）、造成了环境污染转移（李宝礼等，2020），这显然与注重发展质量的新时代精神不符。

第一，工业用地市场化配置对经济增长质量的影响。在土地出让行为中，存在地方政府以低价出让工业用地来招商引资的现象，其土地出让行为对城市经济增长（颜燕等，2013）和生产率产生了重要影响（陈淑云、曾龙，2017）。从生产率来看，地方政府依赖土地出让收入发展地区经济对全要素生产率增长贡献并不显著（武彦民、杨峥，2012），且过度依赖土地财政不利于地区全要素生产率的提升（梁强，2017），其中商住用地出让抑制了全要素生产率的提高，而工业用地出让则相反（张先锋、王敏，2016）。以低价、协议出让的粗放型工业用地出让方式使得土地资源错配而导致工业企业的资源配置效率降低，尤其是对土地依赖程度较大的行业更为显著（李力行等，2016）。

第二，工业用地市场化配置对微观企业的影响研究。城市的工业用地价格是城市集聚经济的成本（Duranton et al.，2015）。企业作为工业用地的需求方没有特定的区域偏好，而土地则是地方政府招商引资的重要要素之一，地方政府为了招商引资提供了低价补贴（张莉等，2011a；卢盛峰、陈思霞，2017），在房价和地价大幅增加的情况下，用地成本的变化对于企业的生产决策会产生影响，从而影响企业的研发投入及生产效率。工业用地价格的负向扭曲会降低本地区企业的全要素生产率（张莉等，2019；王博等，2021），并且地方政府补贴工业用地的效率不高，没有帮助提振区域工业的发展（田文佳等，2019）。

（3）工业用地和商住用地差异化配置的研究

在工业用地配置行为研究中，学者把重点放在利用工业用地进行招商引资原因的解释上，主要观点包括：①地方竞争。研究发现相邻省份间在工业用地出让中存在竞相增加工业用地协议出让面积和竞相降低工业土地出让价格的竞争行为（杨其静、彭艳琼，2015），区域间政绩竞争和地方禀赋条件对地方政府土地出让行为产生影响（陶然等，2009）。②地方财政。地方政府热衷于土地出让并差别化供应工业用地和商住用地，这是由地方政府追求土地财政造成的（李学文、卢新海，2012）。当面临较大的财政缺口压力时，地方政府会以较低的价格向国有企业增加用地供给，财政缺口增加导致国有企业比重高的城市协议出让比例更高（赵文哲、杨继东，2015），而财政压力大会显著减少地方政府以地引资性质的工业用地出让（亓寿伟等，2020），增值税分成通过财政利益效应显著正向影响了工业用地的配置（谢贞发等，2019）。

在商住用地配置过程中，学者多关注地方政府不同的出让方式选择。学者注意到挂牌出让方式存在一定程度的政府干预，与市场化程度较高的拍卖出让方式有显著区别（Cai et al.，2013；王媛、杨广亮，2016）。在流程方面，挂牌本质是一种两阶段拍卖（Cai et al.，2013），政府可以在第一阶段实施干预而达到土地定向供应；在动机方面，挂牌可能导致政企合谋，引入对城市发展具有正向溢出效应的企业（王媛、杨广亮，2016；赵文哲、杨继东，2015）。现有研究表明挂牌与拍卖出让方式有显著区别，一个城市距离港口越远，则城市政府越倾向于以挂牌方式出让工业用地和以拍卖方式出让商住用地（杨其静、吴海军，2021）。"招拍挂"出让商住用地可以为政府带来较高的短期税收收益，但长期回报率较低（刘乃铭、金澎，2014），并且商住用地的高价出让会提高生活成本和资本成本，进而导致"去工业化"和企业生产效率的损失（刘诚、杨继东，2019）。

1.4.3 研究现状评述

现有涉及地方政府土地配置行为的研究大多没有为其假说提供直接而清晰的数据实证支撑，其中的一个重要原因是《中国国土资源统计年鉴》在 2010 年之前未提供城市各种用途（工矿仓储、商服、住宅、公用设施、道路交通等）的详细土地供给数据。这使相关实证研究不得不大胆地假设工业用地主要以协议方式出让，而商服、住宅用地主要以"招拍挂"方式出让，从而以"协议出让土地"作为地方政府配置工业用地的代理变量（杨其静等，2014；杨继东等，2019；陈前利等，2019）。根据对 2004~2020 年中国土地市场网中交易的一百多万宗地块进行统计，每年协议出让土地中工业用地和商住用地出让占比几乎相等，近几年住宅用地采取协议出让的方式逐步增加，学者们使用这种代理变量极有可能引起实证研究结果产生偏差。

现有测量工业用地市场化配置程度的方法多直接使用工业用地成交价格这一指标，难以消除区域异质性的影响，减弱了工业用地市场化配置程度的区域可比性。原国土资源部颁布的《全国工业用地出让最低价标准》依据各地经济发展状况等因素划分了全国县市（区）级工业用地等别并规定了最低出让价格，该价格不受地方政府干预具有相对客观性，本书采用微观地块的实际工业用地出让价格与最低出让价格之比来衡量地区工业用地市场化配置程度，使之在区域间具有可比性。本书在测度城市工业用地市场化配置程度的基础上，分析其时空演变特征；研究地方政府制定的经济增长目标对工业用地市场化配置的影响，探讨国家在推进区域一体化进程中对工业用地要素配置的效应；分析工业用地市场化配置对区域工业绿色经济效率、区域创新能力和减污降碳的影响效应，分析其传导机制及区域异质性，为我国推进工业用地要素市场化配置改革和提升区域高质量发展提供一定的理论基础和实证识别。

2 工业用地市场化配置的时空分异及动态演进

　　优化工业用地要素市场化配置是提高工业用地利用效率的基本条件，是推动实体经济发展的引擎，更是各级政府部门亟须解决的问题。从城市土地要素市场化配置角度看，商服用地和住宅用地最早实行市场化配置，则其市场化程度均相对完善（荣晨，2021），而工业用地市场化配置存在过多政府干预（周方伟、杨继东，2020），由此引发的市场价格扭曲及政策导向型偏差等诸多问题逐渐凸显，所以对工业用地要素市场化配置的研究是必要之举。从工业用地市场化的整体现状看，市场化配置水平保持上升趋势，但出售价格在财政分权制与官员晋升制的双重影响下依旧偏低（安勇、赵丽霞，2021），且不同地区工业用地的出让方式和价格存在较大差异（杨其静、吴海军，2021）。各区域工业用地市场发展不均衡的问题给工业用地的合理配置及有效利用带来了严峻挑战，因此，立足于整体和局部去分析工业用地要素市场化配置的时空分异及演变特征，才能更有效推进工业用地市场化配置的改革。

2.1　研究方法与数据来源

2.1.1　工业用地市场化测度方法

由于土地资源具有地域性和稀缺性特征，工业用地出让价格和工业用地成本均表现出较大的空间差异特征。《全国工业用地出让最低价标准》中将全国工业用地划分为 15 个等级，并确定了各县、市（区）级不同等级工业用地使用权出让时需执行的最低价格标准，由于最低出让价格是在考虑了区域要素异质性下制定，因此可用来反映不同地区工业用地成本。考虑到我国不同区域的经济发展和土地资源要素禀赋的差异性，为消除区域间经济发展差距的影响，采用工业用地实际出让价格与最低出让价格之比来衡量不同地区工业用地市场化配置程度。参考赵爱栋等（2016a）、崔新蕾等（2020）的研究，通过加权汇总各县、市（区）级层面 15 个等级工业用地出让价格溢价率得到该地区工业用地市场化水平。

城市 i 第 N 等工业用地市场化公式为：

$$y_{iNt} = \frac{P_{iNt}}{A_{iNt}} / P_{iNt}^{C} \qquad (2-1)$$

城市 i 的工业用地市场化公式为：

$$y_{it} = \sum_{N=1}^{15} \frac{A_{iNt}}{A_{it}} \times y_{iNt} \qquad (2-2)$$

式（2-1）和式（2-2）中，y_{iNt} 表示城市 i 第 t 年依《全国工业用地出让最低价标准》划分的第 N 等工业用地溢价率，y_{it} 表示城市 i 第 t 年工业用地溢价率，即工业用地市场化配置程度，P_{iNt}、P_{iNt}^{C} 分别表示城市 i 第 N 等工业用地第 t 年的出让总收入和最低出让价格，A_{iNt} 表示城市 i 第 N 等工业用地第 t 年出让面积，A_{it} 表示城市 i 工业用地第 t 年出让总面积。

2.1.2 标准差椭圆分析法

标准差椭圆分析法是以重心点为中心，通过长轴、短轴、方位角、椭圆面积比等基本参数，研究工业用地市场化在空间分布上的方向性、展布性以及形态特征（Lefever，1926；杨骞、秦文晋，2018），来探讨工业用地要素市场化配置的发展方向和动态平衡问题。区域重心（$\overline{X_w}$，$\overline{Y_w}$）称为空间均值，是所研究因素平均数在二维空间上的延伸，表示一定时间内工业用地市场化在各个方向上保持均衡的一点，空间分布重心的相对坐标如式（2-3）所示，其中（x_i，y_i）是城市 i 的地理坐标；w_i 是以城市 i 工业用地市场化水平测算的权重。椭圆面积表示工业用地市场化的主要区域；σ_x 和 σ_y 分别表示沿着 x 轴和 y 轴的标准差，表征工业用地市场化在其主要方向上的离散程度，如式（2-4）所示。方位角 θ 是正北方向与顺时针方向椭圆长轴所形成的夹角，表示主要分布趋势的方向，如式（2-5）所示。

$$\overline{X_w} = \frac{\sum\limits_{i=1}^{n} w_i x_i}{\sum\limits_{i=1}^{n} w_i} \ , \ \overline{Y_w} = \frac{\sum\limits_{i=1}^{n} w_i y_i}{\sum\limits_{i=1}^{n} w_i} \qquad (2-3)$$

$$\sigma_x = \sqrt{\frac{\sum\limits_{i=1}^{n} (w_i \overline{x_i} \cos(\theta) - w_i \overline{y_i} \sin(\theta))^2}{\sum\limits_{i=1}^{n} w_i^2}} \ , \ \sigma_y = \sqrt{\frac{\sum\limits_{i=1}^{n} (w_i \overline{x_i} \sin(\theta) - w_i \overline{y_i} \cos(\theta))^2}{\sum\limits_{i=1}^{n} w_i^2}}$$

$$(2-4)$$

$$\theta = \arctan \left[\frac{(\sum\limits_{i=1}^{n} w_i^2 \overline{x_i}^2 - \sum\limits_{i=1}^{n} w_i^2 \overline{y_i}^2) + \sqrt{(\sum\limits_{i=1}^{n} w_i^2 \overline{x_i}^2 - \sum\limits_{i=1}^{n} w_i^2 \overline{y_i}^2)^2 + 4\sum\limits_{i=1}^{n} w_i^2 \overline{x_i}^2 \overline{y_i}^2}}{2\sum\limits_{i=1}^{n} w_i^2 \overline{x_i} \ \overline{y_i}} \right]$$

$$(2-5)$$

2.1.3 Dagum 基尼系数及分解方法

Dagum 基尼系数的方法是 Dagum（1997）所提出用来衡量差异的方法，本章使用该方法来研究工业用地市场化差异的相对大小和来源。相比于传统基尼系数和泰尔指数，此方法可以将总体的基尼系数按照差异来源分解为组内差异、组间差异和超变密度，从而能对这些差异进行剖析式研究，有效解决了样本数据之间的交叉重叠以及区域差异来源问题（刘华军等，2019）。从结果看，组内的基尼系数值越大，代表该区域内的工业用地市场化水平差距越大；组间基尼系数值越大，代表所分区域间的工业用地市场化水平差距越大。根据 Dagum 基尼系数的分解理论，可将总体基尼系数 G 进行分解，具体计算过程如下：

$$G = \frac{\sum_{j=1}^{k} \sum_{h=1}^{k} \sum_{i=1}^{n_j} \sum_{r=1}^{n_h} \left| y_{ji} - y_{hr} \right|}{2n^2\mu} \tag{2-6}$$

$$G = G_w + G_{nb} + G_t \tag{2-7}$$

$$G_w = \sum_{j=1}^{k} G_{jj} p_j s_j \tag{2-8}$$

$$G_{nb} = \sum_{j=2}^{k} \sum_{h=1}^{j-1} G_{jh} (p_j s_h + p_h s_j) D_j h \tag{2-9}$$

$$G_t = \sum_{j=2}^{k} \sum_{h=1}^{j-1} G_{jh} (p_j s_h + p_h s_j)(1 - D_{jh}) \tag{2-10}$$

$$G_{jj} = \frac{\frac{1}{2\mu_j} \sum_{i=1}^{n_j} \sum_{r=1}^{n_j} \left| y_{ji} - y_{jr} \right|}{n_j^2} \tag{2-11}$$

$$G_{jh} = \frac{\sum_{i=1}^{n_j} \sum_{r=1}^{n_h} \left| y_{ji} - y_{hr} \right|}{n_j n_h (\mu_j + \mu_h)} \tag{2-12}$$

$$D_{jh} = \frac{d_{jh} - p_{jh}}{d_{jh} + p_{jh}} \tag{2-13}$$

$$d_{jh} = \int_0^\infty dF_j(y) \int_0^y (y - x) dF_h(x) \tag{2-14}$$

$$p_{jh} = \int_0^\infty dF_h(y) \int_0^y (y - x) dF_j(x) \tag{2-15}$$

式（2-6）是总基尼系数 G 的计算公式，式（2-7）将 G 分解为组内差异贡献（G_w）、组间差异贡献（G_{nb}）和超变密度贡献（G_t），式（2-8）、式（2-9）和式（2-10）分别是对应的计算公式，就此能得出各部分的具体差异值以及在总体差异中所占比例，其中超变密度贡献 G_t 是在划分子群时由于区域之间工业用地市场化的交叉项存在而对总体差距造成的影响。式（2-11）和式（2-12）分别计算组内基尼系数（G_{jj}）和组间基尼系数（G_{jh}），其中 y_{ji}（y_{hr}）是第 j（h）个区域内任一地级市 i（r）的工业用地市场化程度，μ_j（μ_h）是四大区域286个（长江—黄河流域189个）城市工业用地市场化的均值。式（2-8）~式（2-12）中，n 是城市的个数，k 是所分区域的个数，n_j（n_h）是第 j（h）个区域内部的城市个数，$p_j = n_j/n$，$s_j = n_j\mu_j/n\mu$。式（2-13）和式（2-14）分别计算了第 j 个和第 h 个区域之间工业用地市场化的相对影响和差值。式（2-15）的 p_{jh} 指区域 j 和 h 间超变密度的期望值，其中 F_j（y）和 F_h（y）分别是第 j 个和第 h 个区域的累积分布函数。

2.1.4　核密度估计方法

核密度估计方法是用来估计随机变量概率密度函数的一种非参数方法，是研究空间分布非均衡的重要工具。核密度一方面可以刻画工业用地市场化的整体分布形态和延展性等信息，另一方面可以和 Dagum 基尼系数相辅相成，反映每个区域工业用地市场化绝对差异的分布动态和演进规律。选取高斯核密度对我国整体和局部区域工业用地市场化的分布动态进行估计，通过核密度图得到变量的整体分布情况。

假设随机变量 X_i 同分布但密度函数未知，式（2-16）表示随机变量 x 的概率密度函数，式（2-17）用来计算核函数：

$$f(x) = \frac{1}{Nh}\sum_{i=1}^{N} K\left(\frac{X_i - x}{h}\right) \tag{2-16}$$

$$K(x) = \frac{1}{\sqrt{2\pi}}\exp\left(-\frac{x^2}{2}\right) \tag{2-17}$$

其中，K（x）是高斯核函数；N 是样本城市的个数；X_i 是城市 i 工业用地要素市场化水平的观测值；x 是该区域工业用地市场化的平均值；h 是带宽，决定了核密度曲线的内核平滑度和估计精度，带宽值越大则估计精度越高，但核密度曲线越不平滑。

2.1.5 马尔可夫链分析法

马尔可夫链可刻画全国及局部地区工业用地在各市场化状态间转移的概率大小和方向，通过构建转移矩阵来反映不同时间跨度下内部的动态演变特征。工业用地市场化的等级状态 X_t 可能值的集合用状态空间（包含马尔可夫链所有可能状态的集合）M 表示，其中 M 取非负整数集，$M=（1，2，\cdots，k）$，集合中的元素称为随机过程的状态。已知 $X_t \in M$，当 $X_t=i$ 时，就称该区域工业用地市场化在时刻 t 处于 i 状态。

该方法是一个随机过程，对所有时期 a 和任意工业用地市场化状态，满足式（2-18），即区域工业用地在 a 时期处于市场化水平 j 状态的概率仅取决于其在 $a-1$ 时期的状态 i，与之前的状态无关，P_{ij} 表示此过程的转移概率。式（2-19）是转移概率的具体计算过程，其中 n_i 为某地区研究期内工业用地市场化所处 i 状态的总次数，n_{ij} 为市场化等级由第 i 种状态转移到第 j 种状态的次数。

$$p\{X_a=j \mid X_{a-1}=i，X_{a-2}=i_{a-2}，\cdots，X_0=i_0\}=p\{X_a=j \mid X_{a-1}=i\}=p_{ij} \tag{2-18}$$

$$p_{ij}=n_{ij}/n_i \tag{2-19}$$

式（2-20）表示马尔可夫转移矩阵形式，其中包含全部 m^2 个工业用地市场化状态的转移概率 P_{ij}（$i，j=1，2，\cdots，k$）。

$$P=(P_{ij})=\begin{bmatrix} p_{11} & p_{12} & \cdots & p_{1m} \\ p_{21} & p_{22} & \cdots & p_{2m} \\ \vdots & \vdots & \ddots & \vdots \\ p_{m1} & p_{m2} & \cdots & p_{mm} \end{bmatrix}，p_{ij} \geqslant 0，\sum_{j=1}^{m} p_{ij}=1 \tag{2-20}$$

2.1.6 数据来源

在全国层面选取 2007~2020 年我国 286 个地级及以上城市（不包括海东市、

三亚市、哈密市等缺失数据较多的地级市）作为研究对象。工业用地的最低出让价格源于《全国工业用地出让最低价标准》，考虑到我国经济增长速度较快，且工业用地出让最低价标准从2007年实施后还未进行过更新，因此对基准期的工业用地出让最低价格使用各省份居民消费价格指数进行累积调整，居民消费价格指数源于《中国统计年鉴》。所研究工业用地包含工业用地和仓储用地，其出让价格数据是笔者从中国土地市场网整理所得。

工业用地数据来源与清洗：第一，获取数据。运用数据爬虫从中国土地市场网上的出让结果中获得了2007~2020年全国各地区城市建设用地供给出让数据，每条数据包含了土地出让地块所属的省、市及区县的行政编码、日期、土地用途、成交价格、出让面积、出让方式等多项信息。第二，筛选数据。首先，根据土地用途，筛选出各省区市所有"工业用地""工矿仓储用地"的交易数据，其中由于西藏地区数据缺失严重，故只汇总全国30个省份所辖286个地级及以上城市数据（不包括港澳台地区）；其次，筛选出让方式为"招标""拍卖""挂牌"和"协议"的工业用地出让数据。第三，剔除信息缺失和明显错误的数据。剔除出让面积为空值或0值的数据，同时也放弃存在明显错误及异常值的交易数据。

2.2 工业用地市场化配置的时空分布格局

2.2.1 空间分布特征

表2-1对2020年的全国样本数据进行描述性统计。从四大区域看，东部地区平均市场化程度最高，平均值达到1.679；东北地区平均值最低，仅为1.050。从各区域工业用地市场化的变异程度看，西部和东部地区城市间差异较大，变异系数分别为49.358%和48.424%，说明两地区工业用地市场化程度的分布较分散，特别是西部地区的平均值最高城市是最低城市的14.28倍。从中位数和偏度

值来看，四大区域工业用地市场化的偏度均为正数，呈右拖尾分布，其中东部地区偏度值相对较高，表明区域内部存在一定数量市场化程度较高的城市，造成了长拖尾现象。从峰度值来看，东北和西部地区峰度绝对值均小于1，区域内工业用地市场化的空间分布近似呈正态分布；东部地区峰度达到5.099，表明其工业用地市场化的空间分布相对平缓；中部地区峰度值为负，其空间分布较为陡峭。

从长江—黄河流域沿线城市工业用地市场化的对比来看，黄河流域沿线城市工业用地市场化平均值为1.421，略高于长江的1.349。从区域内的变异程度看，长江流域沿线城市的变异系数高于黄河，但长江流域沿线城市工业用地市场化的最大值是最小值的8倍，而黄河流域沿线城市为14倍，说明长江流域沿线城市间的整体差异较高，但是黄河流域沿线存在市场化程度极低的城市。从中位数和偏度值来看，长江流域沿线城市的偏度值为1.251，呈右拖尾分布，而黄河流域沿线城市基本无拖尾现象，说明长江流域沿线城市存在较多工业用地市场化程度高的城市。从峰度值来看，黄河流域沿线城市的峰度绝对值小于1，其空间分布近似正态分布，而长江流域沿线城市的峰度值达到了1.161，表明长江流域沿线城市工业用地要素市场化的空间分布相对平缓。

表2-1　2020年我国各区域工业用地市场化的描述性统计

地区	平均值	标准差	变异系数（%）	最小值	最大值	中位数	偏度	峰度
全国	1.374	0.667	48.501	0.213	5.579	1.195	1.561	5.382
东部	1.679	0.813	48.424	0.731	5.579	1.497	1.754	5.099
中部	1.269	0.477	37.616	0.438	2.289	1.152	0.299	−1.011
西部	1.296	0.640	49.358	0.213	3.042	1.189	0.666	0.167
东北	1.050	0.376	35.840	0.298	1.857	0.991	0.905	0.470
长江流域	1.349	0.653	48.396	0.438	3.418	1.128	1.251	1.161
黄河流域	1.421	0.571	40.199	0.213	3.042	1.505	0.032	0.192

2.2.2　区域差异时空演变特征

2007~2020年全国及四大区域工业用地市场化水平演变趋势如图2-1所示。从演变过程看，2007~2020年全国及东部、中部、西部三个地区工业用地市场化水平均波动式上升，东部地区工业用地的市场化水平及增长速度高于全国，东部地区拥有雄厚的经济实力、完善的基础设施、先进的制造业集群，导致市场环境竞争激烈，带动了东部地区工业用地要素的市场化配置。东北地区工业用地市场化水平在 2007~2011 年波动式上升，2011 年后波动范围很小，存在下降趋势，因为东北地区面临着产业结构转型困难和体制建设不完善的问题，在东北老工业基地振兴战略的实施下，市场化程度有所提升，但产能过剩、人口流失及缺乏创新等"新疾"与"旧病"交织后，再次使东北地区的工业发展陷入困境（王士君、马丽，2021），致使工业用地市场配置程度趋于下降。从演变过程看，中部地区工业用地的发展虽波动式上升，但涨幅较平缓且缺乏动力；西部地区的平均市场化水平在 2007 年接近东北地区，处于低水平状态，2012 年后随着持续推进西部大开发战略，加快产业结构调整和基础设施建设，实现了经济市场化、国际化、生态化和产业化的升级，推动了工业用地市场化配置完善，从而超越了中部和东北地区。从变动量看，全国工业用地市场化水平从 2007 年的 0.761 增长到 2020 年的 1.374，增长率达到 80.552%，其中东部、中部、西部、东北地区分别实现了 99.584%、62.834%、86.770% 和 54.350% 的增长比率。

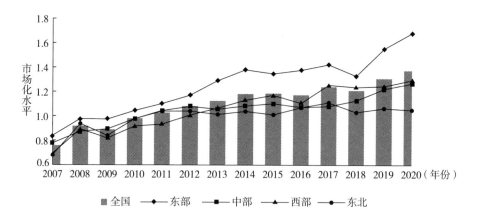

图 2-1　2007~2020 年全国及四大区域的工业用地市场化水平演变趋势

2007~2020 年长江—黄河流域沿线城市工业用地市场化水平演变趋势如

图 2-2 所示。两流域工业用地市场化水平都呈现波动式上升的积极发展态势，长江流域沿线城市的整体市场化水平高于全国水平，因为长江是我国最具综合优势与发展潜力的经济带，具备较完善的基础设施和相对高级化的产业结构，其发展对长江流域沿线城市的工业用地市场化配置产生促进作用（林阳、吴克宁，2021）。整体来看，长江流域沿线城市工业用地的市场化配置优于黄河流域沿线城市，但两者的差异呈先扩大后缩小的态势，黄河流域沿线后期的发展速度更快，在个别年份超过了长江流域沿线城市均值。黄河流域作为国家重要的生态屏障和能源资源富集地带，其沿线城市更加关注生态保护和高质量发展，地方政府在招商引资的选择上倾向于引进市场竞争强、环境污染小、经济效益高的工业企业，由此便提高了工业用地市场的竞争性配置。

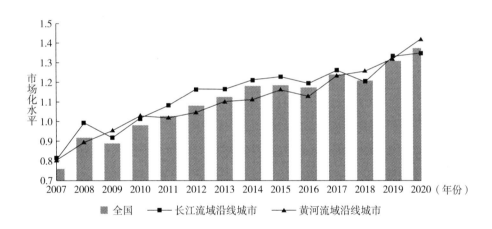

图 2-2　2007~2020 年长江—黄河流域沿线城市工业用地市场化水平演变趋势

2.2.3　全局时空演变特征

（1）重心转移轨迹

依据全国城市工业用地市场化程度绘制重心移动轨迹（见图 2-3），重心移动参数如表 2-2 所示。移动轨迹显示，重心点在 2007~2011 年位于周口市，到

2016 年转移到驻马店市；其移动的距离和速度呈先快速递增后小幅递减趋势，在 2011~2016 年移动速度变快，最快达到了 10.728 千米/年。工业用地市场化程度的重心在研究期间不断向西南方向移动，说明我国位于轴线西南方向的城市相较位于轴线东北方向的城市工业用地市场化配置程度更高，对工业用地的节约集约利用影响更大。究其原因：一方面，因为我国南北地区间的经济差距在近年不断扩大（吕承超等，2021），而地区经济的发展又对工业用地的市场化配置具有正向推进作用（赵爱栋等，2016a），导致南北间工业用地市场化差距在逐步扩大；另一方面，由于东北地区市场化改革动力不足，产业结构升级转型较难，其工业用地要素市场化配置提升缓慢拉大了与中南部地区的差异，故工业用地要素市场化程度的重心逐步向西南方向偏移。

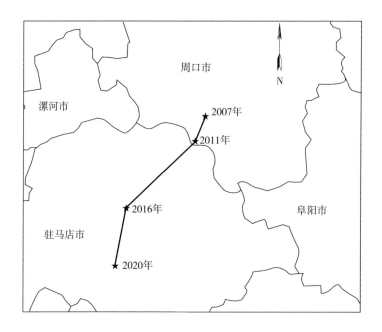

图 2-3　我国工业用地市场化程度重心移动轨迹

表 2-2　我国工业用地市场化程度的重心移动方向和距离

年份	2007	2011	2016	2020
重心坐标	114.98E 33.33N	114.92E 33.22N	114.47E 32.92N	114.3E 32.66N

续表

年份	2007	2011	2016	2020
移动距离（千米）	—	13.458	53.642	33.027
东西距离（千米）	—	5.581	41.907	15.886
南北距离（千米）	—	12.245	33.396	28.943
速度（千米/年）	—	3.365	10.728	8.257
东西速度（千米/年）	—	1.395	8.381	3.972
南北速度（千米/年）	—	3.061	6.679	7.236

（2）标准差椭圆分析

我国工业用地市场化程度的标准差椭圆参数如表 2-3 所示。首先，标准差椭圆的转角是椭圆正北方向和顺时针方向长半轴之间的夹角，转角大小能够反映出我国工业用地市场化在空间分布上的主要趋势方向。从空间分布来看，我国工业用地市场化程度的地形分布呈现"东北—西南"的空间格局；从动态趋势来看，椭圆转角在时间推移下呈"减小—增大—减小"趋势，且相对于 2007 年转角的24.045 度，2020 年转角度数下降为 22.123 度，表明相对于正北偏东方向的城市，位于南部偏西方向的城市对工业用地市场化的拉动作用总体呈减小趋势。

表 2-3　我国工业用地市场化程度的标准差椭圆参数

年份	转角（度）	长半轴（千米）	短半轴（千米）	平均形状指数	椭圆面积比
2007	24.045	1093.779	672.125	0.614	1.000
2011	24.021	1115.982	671.814	0.602	1.020
2016	24.963	1142.154	692.011	0.606	1.075
2020	22.123	1081.375	700.731	0.648	1.031

注：椭圆平均形状指数是用短半轴比长半轴；每一期的椭圆面积比是当期的椭圆面积和基期的椭圆面积之比，以 2007 年椭圆面积为基期。

其次，标准差椭圆的平均形状指数越小，椭圆形状就越呈扁状，表示工业用地市场化的方向性越明显。可以看出标准差椭圆的平均形状指数先减小后增大，这与长半轴先增大后减小、短半轴整体递增密切相关，说明整体方向性有降低趋势，东北—西南方向上表现出先扩大后缩小趋势，在东南—西北方向上表现出扩张趋势，整体分布方向向南—北方向接近。

最后，标准差椭圆的面积比体现了整体展布范围的变动，面积大于 1 表示椭圆面积扩张，反之椭圆面积收缩。从变动趋势来看，椭圆面积比呈先增大后减小态势，说明全国工业用地市场化差异先缩小后扩大；从变动量来看，2020 年椭圆面积比为 1.031，说明展布范围有所扩大，工业用地要素市场化配置水平趋于分散。

2.3 工业用地市场化配置的时空差异

2.3.1 全国总体差异性趋势分析

2007~2020 年全国工业用地市场化差异的演变趋势如图 2-4 所示。全国 Dagum 基尼系数由 2007 年的 0.295 波动式下降到 2010 年的 0.214，下降了 27.46%，2010 年后呈波动式上升趋势，2020 年上升为 0.255。从演变过程看，全国工业用地市场化差异有所下降，2020 年的基尼系数相较 2007 年下降了 0.040，全国差异随时间推移呈先下降后上升态势。

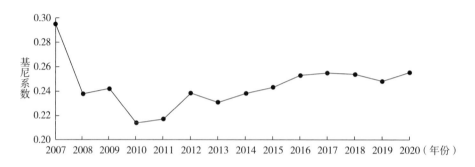

图 2-4 2007~2020 年全国工业用地市场化差异的演变趋势

2.3.2 四大区域的差异性分析

四大区域工业用地市场化程度差异的基尼系数变动及其分解如表 2-4 所示。

表 2-4 中国四大区域工业用地市场化程度的差异性分析

年份		2007	2009	2011	2013	2016	2018	2020
总体基尼系数		0.295	0.242	0.217	0.231	0.253	0.254	0.255
区域内差异	东部	0.269	0.211	0.207	0.240	0.253	0.245	0.249
	中部	0.261	0.210	0.179	0.180	0.192	0.216	0.213
	西部	0.365	0.307	0.286	0.276	0.307	0.303	0.274
	东北	0.235	0.200	0.125	0.149	0.181	0.173	0.184
区域间差异	中部—东部	0.267	0.213	0.194	0.221	0.238	0.239	0.254
	西部—东部	0.325	0.271	0.257	0.265	0.290	0.277	0.277
	西部—中部	0.318	0.266	0.241	0.233	0.258	0.268	0.247
	东北—东部	0.265	0.212	0.172	0.214	0.238	0.232	0.288
	东北—中部	0.254	0.207	0.155	0.169	0.189	0.200	0.219
	东北—西部	0.307	0.260	0.219	0.224	0.258	0.261	0.258
贡献率（%）	区域内	27.422	27.150	27.472	27.602	27.313	27.671	26.744
	区域间	15.728	15.959	15.894	20.788	22.013	18.232	31.340
	超变密度	56.849	56.891	56.634	51.610	50.674	54.097	41.915

（1）四大区域的区域内差异

2007~2020 年我国四大区域工业用地市场化程度的区域内差异演变趋势如图 2-5 所示。从演变趋势看，2007~2020 年西部地区工业用地市场化程度的内部差异波动式下降；东部、中部、东北地区内部差异表现为先波动式下降再波动式上升的态势。从变动量看，四大区域的区域内差异均有所下降，下降最多的是西部地区，从 2007 年的 0.365 下降到 2020 年的 0.274，降幅达到 24.93%；东部地区下降了 7.43%，降幅最小。

（2）四大区域的区域间差异

2007~2020 年我国四大区域工业用地市场化程度的区域间差异演变趋势如图

2-6所示。从演变态势看，区域间差异在2019年前主要体现在西部与其他三个地区间，特别是西部与东部地区的区域间差异最大；在2019年后东北与东部、中部地区间的差异上升较快，其中东北与东部地区间的差异在2020年达到最大值0.288，而东北与中部地区间的差异相对最小。从演变过程看，西部与其他三个地区的差异呈波动式递减趋势，东北与东部、中部地区以及东部与中部地区间

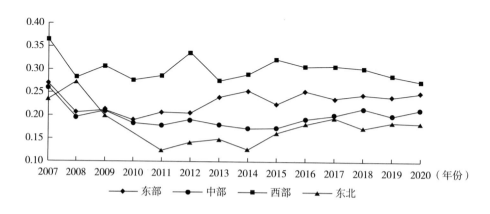

图2-5　2007~2020年我国四大区域的区域内差异演变趋势

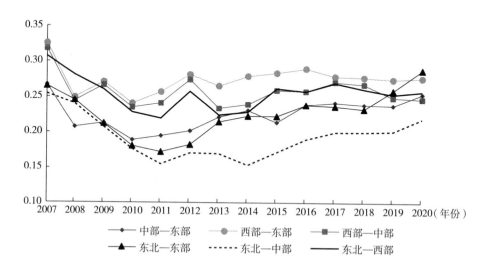

图2-6　2007~2020年我国四大区域的区域间差异演变趋势

的差异呈先波动式递减后递增趋势。从变动量看，2007~2020 年东北和东部地区间的差异上升了 8.68%，其余地区间差异均下降，其中下降最大的是西部与中部地区间的差异，从 2007 年的 0.318 到 2020 年的 0.247，下降了 22.33%；降幅最小的是中部与东部地区间的差异，仅下降了 4.87%。

（3）四大区域的区域差异来源分析

2007~2020 年我国四大区域工业用地市场化程度的差异贡献率演变趋势如图 2-7 所示。从变动趋势可以看出，2007~2020 年超变密度的贡献率最高，但随时间推移递减；区域内差异整体平稳，介于 26.593%~27.681%；区域间差异的贡献率最小，但呈波动式上升趋势，在 2020 年超过区域内差异贡献率。从变动量看，超变密度贡献率在 2020 年为 41.915%，相比 2007 年下降了 14.934%；区域间差异贡献率在 2020 年达到 31.340%，比 2007 年上升了 15.612%。四大区域工业用地市场化的差异变动要重视跨群交叉现象的出现，也不能忽视区域间差异的扩大趋势。

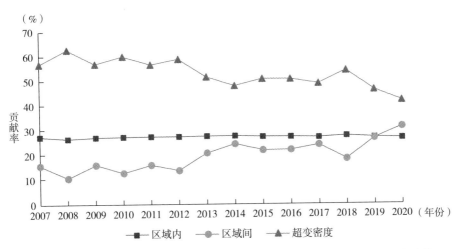

图 2-7　2007~2020 年我国四大区域工业用地市场化程度的差异贡献率演变趋势

2.3.3　长江—黄河流域沿线城市的差异性分析

长江—黄河流域沿线城市工业用地市场化程度差异的基尼系数变动及其分解

如表2-5所示。

表2-5 长江—黄河流域沿线城市工业用地市场化程度的差异性分析

年份		2007	2009	2011	2013	2016	2018	2020
总体		0.313	0.261	0.241	0.242	0.245	0.263	0.247
区域内差异	长江流域	0.299	0.261	0.233	0.248	0.239	0.268	0.256
	黄河流域	0.330	0.258	0.248	0.228	0.251	0.250	0.224
区域间差异		0.317	0.262	0.243	0.243	0.247	0.265	0.249
贡献率（%）	区域内	50.811	50.975	51.043	51.366	51.189	50.855	50.636
	区域间	0.211	3.643	5.950	5.600	5.694	4.096	5.095
	超变密度	48.978	45.382	43.007	43.034	43.118	45.048	44.269

（1）长江—黄河流域沿线城市的区域内差异

2007～2020年长江—黄河流域沿线城市区域内差异的演变趋势如图2-8所示。从演变态势看，2007～2020年两地区的区域内差异波动较大，黄河流域沿线城市差异呈波动式下降态势，长江流域沿线城市在2007～2008年大幅度下降之后有波动上升态势，内部发展差异有扩大趋势。从演变过程看，在2011年前，黄河流域沿线城市的区域内差异基本大于长江流域沿线城市，2011年后，长江流

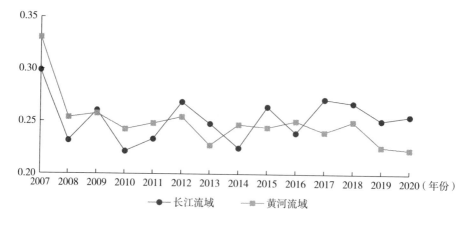

图2-8 2007～2020年长江—黄河流域沿线城市区域内差异的演变趋势

域沿线城市的差异值逐渐超过黄河流域沿线城市。从变动量看，两地区的区域内差异均呈下降趋势，黄河流域沿线城市从 2007 年的 0.330 降到 2020 年的 0.224，差异下降了 32.12%；长江流域沿线城市 2020 年为 0.256，相比 2007 年减少了 14.38%。

（2）长江—黄河流域沿线城市的区域间差异

长江—黄河流域沿线城市区域间差异的演变趋势如图 2-9 所示。从演变态势看，在 2007~2008 年存在较大幅度下降，之后差异值围绕 0.25 上下波动，较为平稳。从变动量看，2007 年区域间差异为 0.317，到 2020 年下降到 0.249，即长江—黄河流域沿线城市的区域间差异有缩小趋势。

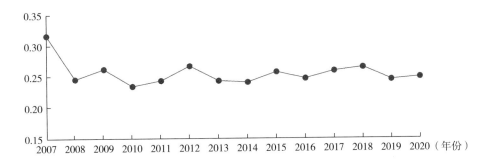

图 2-9　2007~2020 年长江—黄河流域沿线城市区域间差异的演变趋势

（3）长江—黄河流域沿线城市差异的来源分析

长江—黄河流域沿线城市的工业用地市场化程度的差异贡献率演变趋势如图 2-10 所示。从贡献率大小看，区域内差异是长江—黄河流域沿线城市工业用地市场化差异的第一来源，超变密度贡献率居中，区域间差异对总体差异贡献率最小，但波动较大。从演变过程看，区域内差异贡献率基本平稳，超变密度贡献率 2020 年相比 2007 年下降了 4.709%，区域间差异贡献率相对上升了 4.884%。以上结果表明，长江—黄河流域沿线城市工业用地市场化程度的总体差异主要是由区域内差异导致，所以需进一步提升两流域沿线城市工业用地要素市场的区域一体化配置。

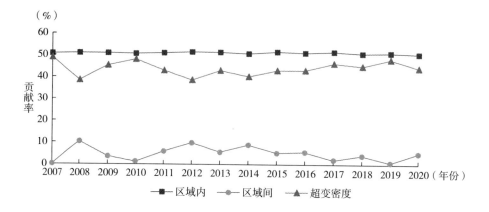

图 2-10　2007~2020 年长江—黄河流域沿线城市差异贡献率的演变趋势

2.4　工业用地要素市场化配置的时空动态演进

2.4.1　工业用地市场化的核密度估计

全国工业用地市场化的核密度曲线如图 2-11 所示。从分布位置看，核密度曲线在初始阶段随时间推移大幅度右移，在 2011 年后较为稳定，说明工业用地市场化程度在研究初期上升较快，但 2011 年后提升不明显。从波峰数量看，2020 年前我国工业用地市场化程度在区域尺度上呈单峰分布，在 2020 年转变为双峰分布，说明绝对差异呈扩大趋势。从主峰分布形态看，主峰高度先上升后下降，主峰宽度先缩小后扩大，表明全国工业用地市场化程度的极化趋势先加强后减弱。从分布延展性看，存在右拖尾且延展性呈拓宽趋势，说明存在工业用地市场发展较快的城市，与其他城市拉大了差距，如深圳在 2013 年后房价大幅度上涨，土地市场因此扩大了住宅用地供给，缩小了工业用地供给，导致工业用地价格上涨，即工业用地的市场化配置程度远超整体均值。

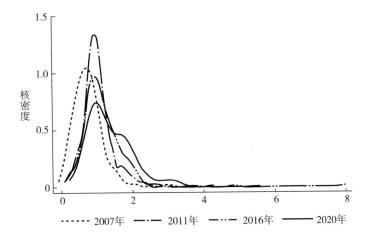

图 2-11　全国城市工业用地市场化的核密度曲线

（1）四大区域工业用地市场化的核密度估计

四大区域工业用地市场化程度的核密度曲线如图 2-12 所示。

第一，从分布位置看，东部、中部、西部三个地区的核密度曲线中心在研究期呈右移态势，但在 2007~2011 年大幅度右移，2011~2020 年右移幅度较低，说明其工业用地市场化程度整体保持提升态势，但初期提升速度更快。东北地区的主峰中心先右移，在 2016 年发生明显左移，2020 年又向右移，但此时中心仍分布在 2011 年主峰左侧，说明东北地区工业用地的发展状态不够平稳，市场化程度在 2011 年后有所下降。

第二，从波峰数量看，东部和西部地区的核密度曲线无明显多峰分布形态。中部地区在 2007~2016 年基本保持单峰分布，2020 年转为双峰分布，说明中部地区的城市间工业用地市场化绝对差异在近年呈扩大趋势。东北地区在 2007 年呈标准双峰分布，双峰的分布距离相近且高度差较小，中期转为单峰分布，到 2020 年又变为双峰分布，且双峰距离较大。说明东北地区城市工业用地的发展在研究初期产生了"小俱乐部"的发展趋势，大多城市倾向于在小区域内进行协调，之后差异又呈"先缩小后扩大"趋势，并出现明显的两极分化现象。

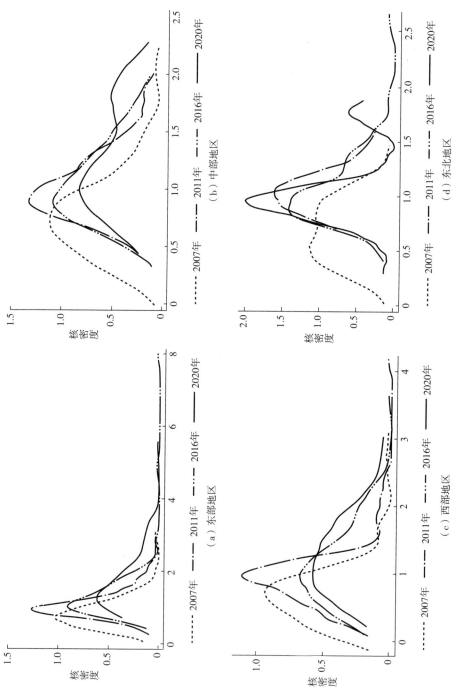

图 2-12 四大区域工业用地市场化的核密度曲线

第三，从主峰分布形态看，东部、中部、西部三个地区的主峰高度都在2011年达到最高，之后逐渐降低，到2020年高度均低于初期的主峰高度；主峰宽度在2007~2011年变窄，2011年后逐渐变宽，说明东部、中部、西部的工业用地市场化的绝对差异先减小后增大，极化趋势先加强后减弱。东北地区主峰高度在研究期呈现"增加—减小—增加"的变动趋势，在2020年高度达到最高，相应宽度逐渐变窄，表明东北地区城市间工业用地市场化的极化趋势渐增。

第四，从分布延展性看，四大区域核密度曲线均呈现右拖尾现象，但延展性差异较大，说明各地区均存在工业用地市场化程度较高的城市，导致其分布出现右拖尾；东北地区在2020年出现左拖尾趋势，即东北地区内工业用地市场发展较慢的城市和其他城市产生了更大的差距。另外，中部、西部和东北地区工业用地市场化的分布延展性呈收敛趋势，表明工业用地市场化程度较高城市的市场发展速度有所下降，逐渐接近所在区域工业用地的平均市场化水平；而东部地区工业用地市场化的分布延展性呈拓宽趋势，表明工业用地市场化程度较高城市的市场化发展速度持续提高，拉大了与东部其他城市工业用地的市场化程度。

（2）长江—黄河流域沿线城市工业用地市场化的核密度估计

长江—黄河流域沿线城市工业用地市场化程度的核密度曲线如图2-13所示。长江流域沿线城市核密度曲线的中心随时间向右移动，整体在2007~2011年明显右移，随后右移幅度放缓，说明城市的工业用地市场化程度在初期明显提升，2011年后发展速度降低。从波峰数量及形态看，长江流域波峰数量表现为"单峰—双峰—单峰"的变动趋势；主峰高度先变陡峭又趋于平缓，宽度先变窄又较小幅度拓宽，这说明发展中期有极化趋势，后期城市间差距逐渐扩大。从分布延展性看，长江流域的核密度曲线存在细长右拖尾，随时间推移先变长后变短，在2020年拖尾厚度增加，表明随着经济转型和长江经济带建设的政策实施（张立新等，2018），长江流域有更多城市工业用地要素的市场化配置迈入高水平行列。

黄河流域沿线城市的主峰中心在2007~2011年显著右移，2011~2016年基本保持不变，2016~2020年又再次大幅度右移，这是因为随着黄河流域沿线城市产业结构的调整升级，工业用地市场化配置在研究初期显著提升，但中期发展可能

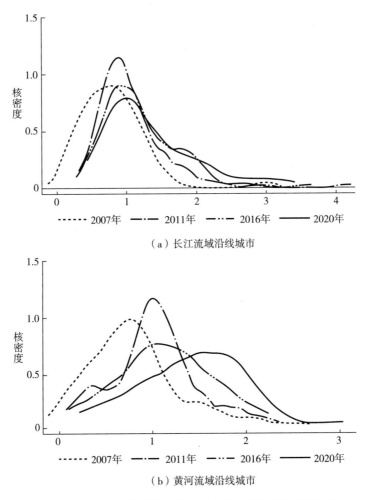

（a）长江流域沿线城市

（b）黄河流域沿线城市

图 2-13　长江—黄河流域沿线城市工业用地市场化的核密度曲线

伴随资源协调利用方面的不足，导致工业用地市场化水平发展缓慢甚至停滞，而随着国家提出对黄河流域沿线城市高质量发展，工业用地市场化程度又呈明显提高趋势。从波峰数量及形状来看，在 2007～2011 年由单峰分布变为双峰分布，左侧出现一个矮小的侧峰，主峰形状变陡变宽，2011 年后又转为单峰分布，波峰高度递减，宽度递增，极化趋势先增强又减弱，且波峰右拖尾先缩短后延长。这表示黄河流域沿线城市的工业用地市场化程度呈上升状态，但部分低水平地区在前期很难跟上高水平地区的发展速度，之后随着时间推移，越来越多低水平地区的工业用地市场化改革得到提升，但整体的发展仍不均衡，绝对差距扩大。此外，黄河流域沿线城市工业用地市场化程度的绝对差异与上述相对差异变动趋势不一致的原因可能源于 Dagum 基尼系数测算中总体、区域内、区域间差异基于工业用地市场化均值的调整（陈明华等，2016）。

2.4.2　工业用地市场化的马尔可夫链分析

（1）全局工业用地市场化的马尔可夫链分析

基于整个样本研究期设定时间跨度 T 分别为 1 年和 5 年，将各城市工业用地市场化程度划分为四种类别：低水平、中低水平、中高水平和高水平，运用马尔可夫链方法得到转移概率矩阵，如表 2-6 所示。当 T=1 时，对角线上的概率从低水平到高水平分别为 0.681、0.563、0.436 和 0.777，均明显高于非对角线上的概率，表明内部流动性不强，保持初始状态的概率较大；当 T=5 时，对角线上的概率从低水平到高水平变为 0.547、0.397、0.325 和 0.792，即随着时间跨度变长，除高水平城市外的其余类型城市稳定性均下降，特别是初始处于中高水平的城市更可能转移到高水平状态。整体看，低水平和高水平城市的稳定性最强，中等水平的稳定性相对较弱，说明随时间推移有两极分化趋势。

表 2-6　全国工业用地市场化的马尔可夫转移概率矩阵

时间跨度（年）	类别	全国			
		低	中低	中高	高
T=1	低	0.681	0.186	0.094	0.039
	中低	0.181	0.563	0.186	0.071
	中高	0.072	0.211	0.436	0.281
	高	0.031	0.028	0.163	0.777
T=5	低	0.547	0.203	0.119	0.131
	中低	0.194	0.397	0.220	0.189
	中高	0.075	0.194	0.325	0.406
	高	0.031	0.056	0.121	0.792

（2）局部工业用地市场化的马尔可夫链分析

将四大区域的东部地区和东北地区合并为"东部"，将中部地区和西部地区合为"中西部"，其转移概率矩阵如表2-7所示。从纵向角度来看，当T=1时，东部对角线上的值从低水平到高水平依次为0.593、0.473、0.467和0.773，中西部对角线上的值依次为0.722、0.538、0.462和0.766，均大于非主对角线上的值；当T=5时，两区域处于中高水平的城市更趋向于转移至高水平，其余类别保持稳定状态的概率有所下降，说明整体稳定性随时间推移减弱。从横向角度来看，中西部地区工业用地市场化程度处于较低水平的城市相对更可能维持在当前水平；东部地区处于高水平的城市稳定性更强，说明相比东部，中西部更容易形成两极分化现象。

表2-7　东部和中西部工业用地市场化的马尔可夫转移概率矩阵

时间跨度（年）	类别	东部				中西部			
		低	中低	中高	高	低	中低	中高	高
T=1	低	0.593	0.253	0.113	0.040	0.722	0.166	0.073	0.039
	中低	0.227	0.473	0.260	0.040	0.186	0.538	0.190	0.086
	中高	0.093	0.160	0.467	0.280	0.033	0.224	0.462	0.281
	高	0.033	0.020	0.173	0.773	0.029	0.024	0.180	0.766
T=5	低	0.467	0.200	0.187	0.147	0.639	0.146	0.098	0.117
	中低	0.253	0.307	0.280	0.160	0.190	0.400	0.214	0.195
	中高	0.140	0.160	0.313	0.387	0.062	0.167	0.333	0.438
	高	0.047	0.033	0.087	0.833	0.034	0.059	0.156	0.751

长江—黄河流域沿线城市的马尔可夫转移概率矩阵如表2-8所示。当T=1时，两个区域主对角线上的转移概率均大于非主对角线上的概率值，具有较好的稳定性。随时间跨度增加，长江流域沿线城市工业用地市场化程度整体稳定性降低，非高水平城市向高处转移的概率更大；黄河流域沿线城市转移矩阵对角线上的概率表现出低等级的保持不变，中等水平的降低，高等级稳定性加强，即类别两端的稳定性高而中间水平更可能向高处转移，这说明黄河流域沿线市场化程度

低的城市随时间推移更可能和其他地区产生较大差异，形成两（多）极分化现象。

表 2-8　长江—黄河流域沿线城市工业用地市场化的马尔可夫转移矩阵

时间跨度（年）	类别	长江流域沿线城市				黄河流域沿线城市			
		低	中低	中高	高	低	中低	中高	高
T=1	低	0.630	0.200	0.104	0.067	0.642	0.200	0.137	0.021
	中低	0.200	0.557	0.214	0.029	0.140	0.560	0.180	0.120
	中高	0.071	0.229	0.493	0.207	0.080	0.150	0.430	0.340
	高	0.030	0.044	0.133	0.793	0.030	0.030	0.210	0.730
T=5	低	0.489	0.207	0.170	0.133	0.642	0.126	0.116	0.116
	中低	0.243	0.400	0.271	0.086	0.060	0.370	0.270	0.300
	中高	0.071	0.179	0.421	0.329	0.060	0.080	0.380	0.480
	高	0.030	0.052	0.163	0.756	0.010	0.080	0.090	0.820

2.5　本章小结

工业用地要素市场化配置在城市发展中有举足轻重的作用（Shu and Xiong，2019），本章基于 2007~2020 年中国 286 个地级及以上城市的工业用地市场化指标，采用标准差椭圆分析法、Dagum 基尼系数、核密度估计以及马尔可夫链实证研究了我国城市在不同区域划分下工业用地市场化程度的时空格局和动态演进。研究结论为：

第一，我国工业用地要素市场化配置总体呈上升趋势；在时空分布上，市场化总体呈现"东北—西南"的空间格局，重心向西南方向转移，但整体方向性有降低趋势。四大区域的东部地区工业用地市场的发展状态和速度领先于全国平均水平，西部地区虽基础略差但发展速度较快，中部地区上升趋势平缓，东北地区表现出先上升后下降态势；长江沿线城市工业用地的市场化程度虽高于黄河沿线城市，但黄河流域的发展动力更足。

第二，从时空相对差距看，我国整体工业用地市场化的相对差异呈先缩小后扩大的变动趋势。分区域看，四大经济区差距的主要来源是超变密度，但表现为递减的态势，区域间差异不断提升，特别是东北和东部地区间的差距持续扩大；长江—黄河流域沿线城市的主要差距来源是区域内差异，其中黄河流域沿线城市间的相对差距呈波动式下降态势，而长江流域沿线城市间的相对差距在 2007～2008 年大幅下降之后呈波动式上升态势。

第三，从时空绝对差距看，全国工业用地市场化程度的绝对差距先缩小后扩大，极化现象先加强后减弱；东部和西部地区的变化趋势类似于全国，中部和东北地区的绝对差异先缩小后扩大，均逐步呈现两极分化现象；长江—黄河流域沿线城市的工业用地市场化程度的绝对差距趋于扩大。

第四，从时空演变看，我国整体工业用地市场化等级在时间跨度较短时更可能维持在当前发展状态，随着时间跨度增加，当前处于中高等级的城市就更容易向高等级转移，整体呈现分化趋势；分区域看，随时间跨度增加，东部工业用地的市场化水平向高处转移的概率相对更大，中西部较可能维持当前等级；黄河流域沿线城市相比长江流域沿线城市，更易演变为两极分化。

上述研究结论对我国工业用地市场化配置具有重要的借鉴意义，提出以下建议：

第一，深化工业用地要素市场化配置改革。根据各区域的改革任务优先选择基础较稳固、有发展潜力的地区或中心城市等，设立工业用地要素市场化配置综合改革试点，为完善工业用地要素市场制度、缩小工业用地市场化程度的区域差异探索新路径。在此基础上及时总结推广经验，建立健全与工业用地要素市场化配置综合改革试点相适配的法规与政策。

第二，增加区域间的空间协调配置。依据各区域工业用地市场化程度的差异主要来源，有前瞻性、针对性、协同性地制定相关土地政策。对于四大经济区工业用地市场的差异，既要重视跨群交叉现象的出现，也要对各区域政府采用合作政策，构建区域协调发展新机制，将"逐底竞争"的负面效应转化为"合作联动"的正面效应；对长江—黄河流域沿线城市可以制定各流域的专项政策，特别是要重视长江流域沿线城市区域内差异的较快上升，避免部分城市间因恶性竞争导致低价出售工业用地。

第三，优化工业用地供应方式。采用弹性年期供应、长期租赁、先租后让、作价出资及入股等工业用地市场供应体系，鼓励实行"标准地"出让制度。可在"招拍挂"出让方式的基础上，根据各区域工业用地要素禀赋、市场化程度差异、产业发展需要以及国土空间规划等因素，分类完善要素市场化配置体制机制，创新工业用地要素的交易规则和方法。

第四，防范区域内的两极分化趋势。针对如中西部及黄河流域沿线城市等工业用地市场化程度较低区域实行双重政策，既要承接东部地区产业转移以促进区域第二产业发展，发挥好"涓滴效应"，提升区域合作层次和水平；也要强化对工业用地市场交易方式的监督，构建工业用地要素价格公示和动态监测预警体系，完善市场价格异常波动调节机制，以保障价格合理化，消除市场发育趋向两极分化的隐患。

3 经济增长目标与工业用地市场化配置

    我国城市土地配置市场随着中国市场化改革在不断调整，实现了从计划方式统一配置向供求、竞争和价格等机制为核心土地出让制度转变。根据中国土地市场网数据的测算，我国土地"招拍挂"出让面积占总土地供应面积的比重由2003年的37%上升到2020年的89%。随着经营性用地"招拍挂"出让制度的确立以及多数城市住房市场和土地市场的持续升温，城市土地价值不断上升，政府能够从经营土地中取得巨大红利，干预土地配置成为各级地方政府实现特定政策目标的手段（张莉等，2019；彭山桂等，2021），政府干预的结果往往产生价格扭曲和要素错配，其所导致的生产率损失被认为是影响一国或地区资源配置效率乃至经济发展水平的重要因素（Brandt et al.，2013；Hsieh and Klenow，2009；赵新宇、郑国强，2020a）。我国自改革开放起逐步实施了全面经济体制改革，到目前为止已基本实现了产品价格的市场化，但土地要素市场的改革进程却相对缓慢，地方政府对城市工业用地要素市场的干预现象仍然普遍存在。

    在我国现行的"政治集权、经济分权"治理体制下，经济增长目标统筹经济发展全局（王贤彬等，2021；徐现祥、刘毓芸，2017），既是催化我国经济持续增长的动力，但同时也给我国各级政府的经济发展过程带来了"保增长"的压力。经济增长目标管理是我国宏观经济调控的重要组成部分。首先，在经济增长目标形成背景方面，学者普遍认为其源于在中国的垂直管理体系下、同级政府竞争下产生的经济增长"锦标赛"和在监督与考核下的"目标责任制"（胡深、吕冰洋，2019；刘勇等，2021；王贤彬等，2021），这使地方政府制定的经济增长目标通常会偏离本地区资源禀赋和自身的实际发展水平。其次，经济增长目标管理特征上体现在经济增长目标由各级政府官员直接制定并对其负责，具有直接可控性（Xu and Liang，2014；刘淑琳等，2019）；由中央政府到省区市级政府再到地市级政府的"逐层性"和"博弈性"制定，并且经济增长目标压力会在"层层分包"下呈现逐级放大的现象（余泳泽等，2019b；黄亮雄等，2021）。还有文献将经济发展质量目标与追求增长速度的压力目标纳入同一框架下讨论，证明了高质量发展和可持续发展的科学性（徐现祥等，2018）。在经济增长目标压力对其他经济活动的影响方面，学者普遍认为中国已经进入新常态，过高的目标压力会侵蚀经济发展质量（徐现祥等，2018），同时经济增长目标压力也会引起经济波动，经济增长目标设定越高，所面临的经济增长压力越大，越会对企业技术创新活动造成减益效果（潘华龙，2021），抑制服务业结构升级（余泳泽、潘妍，2019）、加剧环境污染（郭晓辉，2020）、扭曲要素市场（赵新宇、郑国强，2020b）、抑制基本公共服务供给（徐换歌、蒋硕亮，2020），还会扩大地方政府债务融资规模、加大地方政府债务风险（詹新宇、曾傅雯，2021）。

工业用地要素市场化配置是我国社会主义市场经济高质量发展的基础和前提，更是自发调节经济社会发展的重要稳定器。近年来，虽然我国政府持续纵深推进工业用地要素市场化配置改革取得了一定新成效，但仍存在工业用地配置领域供地机制与用地需求不匹配、存量低效用地多、新增建设用地资源匮乏、工业用地价格扭曲并未得到根本扭转的问题。鉴于我国政府是工业用地要素一级市场的唯一供给者和管理者，为解决当前工业用地要素市场的既有问题，持续推进其市场化配置水平，需要从地方政府干预工业用地要素市场的宏观层面动因着手研究。考虑到政府经济增长目标是我国政府治理经济的重要手段，从经济增长目标视角探究工业用地要素市场配置状况，对于衔接新时期有为政府和有效市场推动工业用地治理现代化、构建更加完善的工业用地要素市场化配置体制机制具有重要意义。

3.1 理论分析与研究假设

我国地方政府及官员在经济体制改革和资源配置调控方面具有很大的影响力（王贤彬，2021），增长目标作为政府治理经济的重要手段，对经济社会发展全局具有动员效应（詹新宇、曾傅雯，2021），各级地方政府可以通过经济增长目标的逐级管理实现其对要素资源的宏观调控，这对于促进经济增长、减少经济波动、调控发展模式起到关键作用（赵新宇、郑国强，2020a）。但由于"晋升锦标赛"的影响，地方政府往往会制定较高的偏离自身实际发展水平的增长目标，为了避免因未能完成预期目标而向上级政府传导消极信号的结果，各级地方政府往往会将传统的土地要素政策工具列为重要的"保增长"途径，通过政府行政手段管制和压低工业用地价格而招商引资，以求得年末达到甚至超额完成预期的增长目标。由于每个地方政府都具有在招商引资市场上竞争性需求者和在工业用地要素出让市场上竞争性供应者的双重身份（杨继东、杨其静，2016），各地区相继出现了竞相压低工业用地价格的"土地引资竞争"现象，这使工业用地要素价格被严重低估，难以体现资源的稀缺程度（杨其静等，2014），市场经济下的工业用地基本价值规律难以彰显。经济增长目标抑制工业用地要素市场化配置水平主要体现在：一方面，经济增长目标压力下的"以地引资"行为会抑制工业用地出让价格，削弱市场化对工业用地的有效配置作用。按照工业用地与商住用地的土地属性不同而差异化定价的土地出让策略，可以增加财政收入、弥补财政缺口并吸引外资企业进驻，但一味地依靠低价出让工业用地并不是长久之计，地方政府的非市场行为可能造成土地资源错配，进而破坏市场力量，扭曲工业用地要素市场配置，导致生产率偏离最优水平损害经济效率（严兵、贾辉辉，2022）。另一方面，经济增长目标压力下的"以地引资"行为会影响工业用地出让方式，减弱工业用地市场化配置程度。地方政府通常会通过选择合适的工业用地出让方式来吸引资本，实现有倾向性的土地配置，进而筹集财政资金、抓住经营城市经济的主动权（王媛、杨广亮，2016），以推进城市化进程和工业化进程。这种政府色彩浓厚的、有倾向性的工业用地土地出让策略，抑制了工业用地要素市场化配置程度。基于此，本章提出如下假设：

假设1：经济增长目标对工业用地要素市场化配置呈负向影响效应。

财政分权后，地方政府拥有了更大的经济自主权，为了体现本届政府有所作为并兑现承诺的经济增长目标，会倾向于出台短期成效更显著、更强有力的经济调控政策，甚至会通过一系列政府经济行为直接干预经济运行（余泳泽、潘妍，2019）。若将地方政府经济干预行为细化，可分为地方政府的资源配置行为、财政收支行为和投资行为等。其中，最典型的干预行为是以"低价出让工业用地，高价出让商住用地"为特征的土地配置行为，这种非市场化政府干预行为会严重扰乱工业用地要素市场供求机制和竞争机制，降低了要素市场化配置效率（杨其静、吴海军，2021；谢贞发等，2019；杨继东等，2020），抑制工业用地要素市场化配置程度。我国政府作为工业用地管理者经营着工业用地出让（詹新宇、曾傅雯，2021；胡深、吕冰洋，2019），由于工业用地充当政策工具时具有促进就业、增加税收、利用外资的特殊性作用，地方政府为尽可能保证某一用地主体顺利取得土地要素，使其工业项目顺利落地实施，很多时候实际不会采用公开市场竞价的方式供地。工业用地要素配置逐渐以是否能够通过"土地引资和融资"保证经济增长为准绳，而不是源于市场供求机制下形成的工业用地需求，致使本应源于工业经济发展需求而决定的工业用地要素供给，逐渐演变成源于目标压力下的保增长需要，应由供求机制决定形成的价格信号失去其调节资源配置的作用（亓寿伟等，2020；赵爱栋等，2016b），导致工业用地要素市场发育水平滞后。所以，经济增长目标压力导致政府干预程度上升，扰乱工业用地要素市场供求机制而抑制其市场化配置水平。

长期以来，我国经济增长以投资驱动为主，工业化进程中的资本投入是刺激增长的主要原动力，但我国目前资本市场机制仍不成熟，其配置过程更多依靠政府力量。在年度短期经济增长目标公布后，各级政府为达成目标通常会出台相应配套政策和指导规划意见，试图通过政府手段将资本引入到某些特定的行业或经济活动中去（刘淑琳等，2019），导致资本要素涌入诸如房地产市场等短期资本回报率更高的行业。城市房地产等行业投资的过度增加，导致工业制造业部门投资被大量挤出（柏培文、许捷，2017），使产业间投资水平偏离均衡，故而，"保增长"的经济增长目标造成了资本错配。进一步地，资本错配导致大量资本要素流入缺乏竞争性和创新性的低效率、落后产能产业。以银行信贷错配以及金融抑制为表现的资本错配（韦脡韬、张腾，2021），一定程度地降低了民营工业企业、小微工业企业的融资可获得性（赵新宇、郑国强，2020a）。信贷资源分配水平的失衡削弱了不同市场主体平等获取工业用地生产要素的水平，使工业用地要素市场化配置程度下降。基于此，本章提出如下假设：

假设2a：经济增长目标会通过政府干预进而对工业用地要素市场化配置产生抑制作用。

假设2b：经济增长目标会通过影响资本错配进而对工业用地要素市场化配置产生抑制作用。

3.2　研究设计

3.2.1　基准回归模型

考虑工业用地市场化配置可能存在时间上的路径依赖，及其可能与经济增长目标之间存在双向因果关系而引致内生性问题，故将该变量滞后一期引入模型，建立动态面板模型如下：

$$MIL_{i,t}=\beta_0+\beta_1 MIL_{i,t-1}+\beta_2 tarpre_{i,t}+\gamma X_{i,t}+\lambda_t+\mu_i+\varepsilon_{i,t} \qquad (3-1)$$

其中，i 表示城市；t 表示年份；$MIL_{i,t}$ 表示第 i 个城市第 t 年的工业用地市场化程度；$MIL_{i,t-1}$ 表示 $t-1$ 期工业用地市场化程度；$tarpre_{i,t}$ 表示预期经济增长目标；$X_{i,t}$ 表示控制变量，λ_t、μ_i 和 $\varepsilon_{i,t}$ 分别表示年份固定效应、城市个体固定效应与误差项。

3.2.2 机制检验模型

经济增长目标可能通过政府干预和资本错配来对工业用地市场化配置产生影响，为检验其是否充当中介渠道角色，借鉴中介效应方法构建模型如下：

$$mediator_{i,t}=\alpha_0+\alpha_1 mediator_{i,t-1}+\alpha_2 tarpre_{i,t}+\eta X_{i,t}+\lambda_t+\mu_i+\varepsilon_{i,t} \tag{3-2}$$

$$MIL_{i,t}=\theta_0+\theta_1 MIL_{i,t-1}+\theta_2 tarpre_{i,t}+\theta_3 mediator_{i,t}+\omega X_{i,t}+\lambda_t+\mu_i+\varepsilon_{i,t} \tag{3-3}$$

其中，$mediator_{i,t}$ 表示中介变量，即政府干预和资本错配，其他符号含义同式（3-1）。中介效应检验分为三个步骤：第一步，对式（3-1）进行回归，判断在不包括中介变量前提下，地方经济增长目标对工业用地市场化的总效应，若 β_2 显著，则表明总效应存在；第二步，对式（3-2）进行回归，判断地方经济增长目标对中介变量的影响效应（α_2）；第三步，在式（3-1）中引入中介变量构造式（3-3），检验地方经济增长目标对工业用地市场化的直接效应（θ_2）和通过中介变量传导的中介效应（θ_3）。若 α_2 和 θ_3 都显著，则表明中介效应存在，间接效应为 $\alpha_2 \times \theta_3$，中介比例为间接效应占总效应之比；进一步地，若 α_2 和 θ_3 中至少有一个不显著，则需要用 bootstrap 法检验是否存在中介效应。

3.2.3 变量选取

（1）经济增长目标

经济增长目标（$tarpre$）采用经本级人民代表大会批准后的市政府工作报告中公布的经济增长目标值来表示。对未在年初政府工作报告中写明具体经济增长目标的城市，以五年规划的增长目标代替当年的预期增长目标；对带有"左右""大约""不低于"或"高于"等目标修饰语直接以具体数字为准；对于经济增长采用区间表述的，则取区间均值作为具体目标值。

（2）控制变量

借鉴相关文献，选择影响工业用地市场化的控制变量如下：①经济发展水平

（*lnpgdp*），采用人均GDP衡量，取对数处理；②工业化程度（*ind*），采用第二产业产值占比来表征；③房地产开发投资完成额（*lnrealty*），采用实际房地产开发投资额来衡量，取对数处理；④土地资源禀赋（*lnland*），采用城市建成区面积与总人口的比例来衡量，取对数处理；⑤基础设施建设水平（*lnfi*），采用地区固定投资资产总额与地区总人口的比例来衡量，取对数处理。

（3）中介变量

①政府干预（*gov*），借鉴王博等（2021）、焦勇和杨蕙馨（2019）的研究，采用地区预算内财政支出与GDP之比作为衡量指标；②资本错配（*absk*），借鉴崔书会等（2019）的研究，通过生产函数估计各城市资本产出弹性，得到资本有效配置时使用资本比例，而后基于资本价格扭曲系数得出。

变量的描述性统计如表3-1所示。

表3-1　变量的描述性统计

变量	样本值	平均值	标准差	最小值	最大值
工业用地市场化配置程度（*MIL*）	3396	122.059	67.729	3.140	970.120
经济增长目标（*tarpre*）	3396	10.523	3.131	1.000	25.000
经济发展水平（*lnpgdp*）	3396	10.532	0.653	4.595	13.055
工业化程度（*ind*）	3396	47.818	10.815	10.680	90.970
土地资源禀赋（*lnland*）	3396	6.318	4.354	-0.828	11.367
房地产开发投资完成额（*lnrealty*）	3396	13.990	1.311	8.987	17.609
基础设施建设水平（*lnfi*）	3396	10.167	0.793	6.710	13.722
政府干预（*gov*）	3396	19.036	10.397	4.262	48.516
资本错配（*absk*）	3396	0.594	0.602	0.0001	7.305

3.2.4　研究区域与数据来源

选取2008~2019年中国283个城市（不包括西藏自治区地级市，三沙市、儋州市、三亚市等缺失值较多的地级市以及巢湖市、海东市等研究期间涉及市县合并或新设立的地级市）为研究样本。经济增长预期目标数据从中央人民政府、省级人民政府、地级市人民政府官方网站中手工整理摘录。经济发展水平、工业化程度、土地资源禀赋、房地产开发投资完成额、基础设施建设水平、政府干预、资本错配等控制变量和中介变量的数据来源于《中国城市统计年鉴》（2009~2020）和 EPS 数据库；部分缺失值采用其前后两年均值处理。

3.3　经济增长目标对工业用地市场化配置的影响

3.3.1　基准回归结果

采用系统 GMM 模型（SYS-GMM）研究经济增长目标对工业用地市场化的影响，辅之以 OLS 模型、面板双向固定模型（FE）、差分 GMM 模型（DIFF-GMM）对照佐证，检验结果如表 3-2 所示。对照组模型与系统 GMM 的回归结果基本一致，本节仅对系统 GMM 的结果进行分析。AR（1）检验值小于 0.1，AR（2）检验值大于 0.1，说明扰动项无自相关；Sargen 检验的 P 值大于 0.1，说明工具变量不存在过度识别问题，模型设定和估计方法合理。经济增长目标（$tarpre$）的回归系数为负且在 1% 的显著性水平上显著，即地方经济增长目标对工业用地市场化水平呈负向影响关系，证实假设 1 成立。工业用地市场化的滞后一期系数（$L.MIL$）为正且通过了显著性检验，说明其具有时间上的路径依赖。增长目标制定越高则对应承受的"保增长"压力也就越大，为完成预期经济增长目标，地方政府会加大工业用地供给规模，并通过低价出让工业用地和减税降费进行引资从而加强政府干预而弱化市场配置。因此，经济增长目标压力越大，工业用地要素市场化配置程度就越低。

从控制变量的估计结果发现，经济发展水平、工业化程度、土地资源禀赋、基础设施建设水平系数均显著为正，这表明经济发展程度越好、工业化程度越高、土地资源禀赋越佳、基础设施建设越完备，越有利于工业用地要素市场化配置。原因在于，经济发展程度越好和工业化程度越高，相对而言其对应的工业领域市场体制越完备、市场整体发育程度越好，价格决定机制在工业用地要素配置中起到了主导性作用。土地资源禀赋越佳和基础设施建设越完备，其对工业企业投资办厂的吸引力越强，强化了工业用地要素市场的竞争机制。房地产开发投资完成额的估计系数为负数，说明其抑制了工业用地市场化水平，原因可能是房地产市场等行业的过度发展扭曲了资本的配置（柏培文、许捷，2017；罗知、刘卫群，2018），导致资本竞相涌入房地产等行业市场，而行业间的资本错配挤出了工业部门的投资，进而抑制工业用地要素市场配置。

表3-2 基准回归结果

变量	(1)\nOLS	(2)\nOLS	(3)\nFE	(4)\nFE	(5)\nDIFF-GMM	(6)\nSYS-GMM
L. MIL					0.098***\n(0.001)	0.264***\n(0.001)
tarpre	-5.680***\n(0.333)	-4.806***\n(0.323)	-5.631***\n(0.419)	-2.998***\n(0.368)	-1.210***\n(0.035)	-1.129***\n(0.046)
lnpgdp		-7.790*\n(4.535)		29.670***\n(9.251)	40.560***\n(0.471)	18.370***\n(0.493)
ind		1.695\n(1.420)		-2.803\n(2.058)	-3.989***\n(0.222)	0.447**\n(0.223)
lnland		-0.091\n(0.287)		0.093\n(0.198)	0.673***\n(0.015)	0.924***\n(0.024)
lnrealty		6.849***\n(1.233)		0.609\n(1.258)	-2.216***\n(0.163)	-0.565***\n(0.141)
lnfi		10.370***\n(2.887)		9.005**\n(3.588)	2.307***\n(0.335)	10.250***\n(0.380)
常数项	181.800***\n(4.043)	42.820\n(26.470)	181.300***\n(4.407)	-241.100***\n(65.660)	-269.000***\n(5.372)	-189.000***\n(4.153)
地区虚拟变量		YES		YES	YES	YES
年份虚拟变量		YES		YES	YES	YES
AR (1)					0.000	0.000
AR (2)					0.522	0.176
Sargan test					1.000	1.000

续表

变量	(1) OLS	(2) OLS	(3) FE	(4) FE	(5) DIFF-GMM	(6) SYS-GMM
Observations	3396	3396	3396	3396	3113	3113

注：*、**和***分别表示在10%、5%和1%的显著性水平上显著；括号内为稳健标准误；所有回归均控制了年份固定效应与城市个体固定效应；列（1）和列（3）未加入控制变量，列（2）和列（4）加入了控制变量。

3.3.2 稳健性检验

（1）更换因变量

为避免由于因变量衡量方式差异造成的测量误差，更换新的方式衡量工业用地市场化配置水平（ml），采用钱忠好和牟燕（2012）的研究方法，用工业用地市场交易结构来衡量，将工业用地地块面积标准化处理后，根据不同出让方式的市场化程度赋予差异化权重，对工业用地市场化程度进行测算。表3-3中列（1）报告了回归结果，经济增长目标对工业用地市场化水平的影响显著为负，说明研究结果具有稳健性。

（2）更换解释变量

更换解释变量衡量经济增长目标，分别从垂直管理体制下"层层加码"而形成的纵向层级目标压力 $tarpre1$（余泳泽、潘妍，2019）、邻近地区的城市"同级施压"形成的横向空间竞争目标压力 $tarpre2$（郭晓辉，2020）、硬性约束条件下为了达到既有目标甚至超额完成经济目标压力 $tarpre3$（余泳泽等，2019a）三种方式进行衡量。表3-3的列（2）中纵向层级目标压力 $tarpre1$ 系数显著为负，即经济增长目标自上而下逐级加码的程度越高会使纵向经济增长压力越大，进而抑制工业用地市场化配置。表3-3的列（3）中横向空间竞争目标压力 $tarpre2$ 系数显著为负，表明同级施压下横向经济增长压力变大，不利于工业用地市场化配置。表3-3的列（4）中超额完成经济目标压力 $tarpre3$ 系数显著为负，表明当年地方政府出于保增长的压力，超额完成经济增长目标会使硬性约束增长的弊端显现，侵蚀市场的高效机制，导致市场配置手段低效率（余泳泽等，2019a），从而抑制工业用地要素市场配置。更换解释变量的衡量方法后，实证结果仍具有稳健性。

表 3-3　更换变量检验结果

变量	更换因变量	更换解释变量		
	(1) *ml*	(2) *MIL*	(3) *MIL*	(4) *MIL*
tarpre	-0.932*** (0.013)			
*tarpre*1		-0.045*** (0.007)		
*tarpre*2			-2.881*** (0.080)	
*tarpre*3				-2.324*** (0.045)
L. ml	0.001*** (4.790)			
L. MIL		0.269*** (0.001)	0.262*** (0.001)	0.265*** (0.001)
其他控制变量	YES	YES	YES	YES
地区虚拟变量	YES	YES	YES	YES
年份虚拟变量	YES	YES	YES	YES
AR (1)	0.000	0.000	0.000	0.000
AR (2)	1.000	1.000	1.000	1.000
Sargan test	0.762	0.778	0.310	0.274
Observations	3113	3113	3113	3113

注：*、**和***分别表示在10%、5%和1%的显著性水平上显著；括号内为稳健标准误。

（3）工具变量方法

为了解决遗漏变量与内生性问题，使用工具变量法进一步进行检验处理。借鉴已有文献（余泳泽、潘妍，2019），使用研究地级市所在的"省和自治区的地级市数量"来构造工具变量，其需满足相关性和外生性。一方面，"垂直管理"行政体系下，经济增长目标压力源于上级政府；另一方面，在"锦标赛"下同一省份内部地级市间的经济增长竞争，由于晋升职位有限，当所处省份地级市数量越多时，地方官员面临的经济增长压力就越大，进而越有可能制定预期更高的经济增长目标，以获得经济增长竞争的胜出。就外生性而言，全国行政区划调整的权力属于全国人民代表大会，并不会受到各省份及自治区地级市经济行为活动的影响。同时，在样本观测期内各省份地级市数量基本固定不变，所以地级市数量并不会对工业用地要素市场化配置产生直接影响，满足与残差项不相关的要求。

基于此，首先构造经济增长目标的第一个工具变量 *tarpre_ iv*1，采用连续两期国家经济增长目标平均值与同一省份地级市数量的交互项来表示，估计结果如表 3-4 所示。其中，列（1）报告了工具变量法第一阶段的估计结果，交互项系数在 5% 的显著性水平上显著为正，表明工具变量与核心解释变量具有很强的相关性；列（2）报告了第二阶段的估计结果，经济增长目标的影响系数仍然显著为负，与基准回归结果相比系数方向和显著性相互一致，说明使用工具变量后，经济增长目标对工业用地要素市场化配置的负向影响关系仍具有稳健性。

表 3-4 工具变量方法检验结果

变量	（1）tarpre	（2）MIL	（3）tarpre	（4）MIL
tarpre		−43.330 ** （17.340）		−11.450 *** （1.846）
*tarpre_ iv*1	0.263 ** （0.103）			
*tarpre_ iv*2			2.149 *** （0.168）	
其他控制变量	YES	YES	YES	YES
constant	24.680 *** （1.040）	1055.560 ** （457.400）	10.750 *** （1.461）	217.400 *** （52.150）
R-squared	0.137	0.386	0.175	0.018
Observations	3396	3396	3396	3396

注：*、**和***分别表示在10%、5%和1%的显著性水平上显著；括号内为稳健标准误。

其次构造经济增长目标的第二个工具变量 *tarpre_ iv2*，选择各市所在省份中各城市与省级（自治区）经济增长目标差距的均值与所在省份地级市数量的交互项来表示（余泳泽等，2019b），估计结果如表 3-4 所示。列（3）为第一阶段回归结果，交互项系数为正且通过了 1% 水平的显著性检验；列（4）为第二阶段回归结果，与基准回归结果相比系数方向和显著性相互一致，说明实证结果仍具有稳健性。

3.3.3　机制检验结果

表 3-5 列（1）~列（3）结果显示，政府干预具有显著的中介效应，经济增长目标压力会导致政府干预程度加剧，进而抑制工业用地市场化程度。原因在于，在晋升"锦标赛"中，以 GDP 为核心进行官员绩效考核评估，地方政府官员为实现经济增长目标，会充分利用本级政府的行政和财政权力，干预市场经济活动。然而，政府干预阻碍了工业用地市场供给机制和市场竞争机制，最终削弱了工业用地要素市场配置水平。表 3-5 列（4）~列（6）结果显示，资本错配具有显著的中介效应，经济增长目标压力会导致资本错配加剧，进而对工业用地市场水平产生抑制作用。可能的原因是，经济增长目标作为政绩考核的关键指标，各级政府为达成该目标以完成上级考核，使投资的效果立竿见影，往往会出台相应配套性政策，力图把资金引导到某些资本回报率更高、更稳妥的行业和经济活动中去，从而导致了资本错配。进而，资本错配使部分工业企业主体无法获取使用工业用地要素的相应资本，也削弱了不同市场主体平等获取工业用地生产要素的水平，导致工业用地要素市场配置程度减弱。这验证了假设 2a 和假设 2b。

表 3-5　机制检验结果

变量	（1）步骤一 MIL	（2）步骤二 gov	（3）步骤三 MIL	（4）步骤一 MIL	（5）步骤二 absk	（6）步骤三 MIL
tarpre	-1.129***	0.006***	-1.001***	-1.129***	0.005***	-1.086***
	(0.046)	(0.000)	(0.056)	(0.046)	(0.000)	(0.057)

续表

变量	（1）步骤一 *MIL*	（2）步骤二 *gov*	（3）步骤三 *MIL*	（4）步骤一 *MIL*	（5）步骤二 *absk*	（6）步骤三 *MIL*
gov			−6.110*** (0.598)			
absk						1.090*** (0.377)
其他控制变量	YES	YES	YES	YES	YES	YES
年份虚拟变量	YES	YES	YES	YES	YES	YES
AR（1）	0.000	0.000	0.000	0.000	0.000	0.000
AR（2）	0.854	0.778	0.310	0.362	0.574	0.462
Sargan test	1.000	1.000	1.000	1.000	1.0000	1.000
Observations	3113	3113	3113	3113	3113	3113

注：*、**和***分别表示在10%、5%和1%的显著性水平上显著；括号内为稳健标准误。

3.3.4 异质性检验结果

（1）区域异质性检验结果

将城市从地理横向分为东部、中部、西部和东北四个地区，纵向划分为南方和北方，在保持总体样本容量不变的情况下，研究某一区域时其所属城市赋值为1，其他城市都为0，并与地区经济增长预期目标形成交互项，其中 *east×tarpre*、*middle×tarpre*、*west×tarpre*、*northeast×tarpre*、*north×tarpre*、*south×tarpre* 分别表示东部、中部、西部、东北、北方和南方地区与经济增长预期目标的交互项。

从表3-6列（1）～列（4）交互项的系数可知，经济增长目标对东部地区的工业用地要素市场配置有正向的促进作用，而对于中部、西部和东北地区产生抑制作用并逐渐加强。原因在于，东部地区经济发展水平高，市场发育水平高，工业用地要素通过市场化竞争配置且相关配套的基础设施和金融服务更加完善，同时，东部地区的地方政府能够较好地尊重工业用地市场规律，认真落实中央和上级政府对于工业用地市场相关政策，提升了工业用地要素市场化配置水平；而中部和西部地区近年来面临着传统资源枯竭和能源革命绿色转型挑战（孙久文、张皓，2021a；魏后凯等，2020），西北地区经济增长乏力，中部投资增速近年来严重下滑，严重制约了工业用地要素市场发展。东北地区产业结构单一且合理化水平逐年下降，重工业比例过高且集中于大型垄断性国企央企，面临着严重的产业结构性矛盾调整任务，而供给侧结构性改革以来，虽然工业去库存、去产能取得很大成效，但更多是地方政府调节和发力，抑制了工业用地要素市场配置。

表 3-6 异质性检验结果（一）

变量	(1)	(2)	(3)	(4)	(5)	(6)
east×tarpre	0.772***					
	(0.051)					
middle×tarpre		-0.226***				
		(0.065)				
west×tarpre			-0.333***			
			(0.038)			
northeast×tarpre				-0.408***		
				(0.047)		
north×tarpre					-1.359***	
					(0.060)	
south×tarpre						1.397***
						(0.050)
AR (1)	0.000	0.000	0.000	0.000	0.000	0.000
AR (2)	0.362	0.854	0.778	0.310	0.762	0.274
Sargan test	1.000	1.000	1.000	1.000	1.000	1.000
Observations	3113	3113	3113	3113	3113	3113

注：*、**和***分别表示在10%、5%和1%的显著性水平上显著；括号内为稳健标准误。

从表 3-6 列（5）和列（6）交互项的系数可知，经济增长目标压力对南方的工业用地市场化配置程度有正向的促进作用，而对北方有显著的抑制作用。目前，我国南北差距成为区域经济发展差距的主要关注点（魏后凯等，2020；孙久文、张皓，2021b），南方地区新经济、新动能在发展规模和发展的速度上皆优于北方地区（许宪春等，2021），且诸如江苏、广东、上海等地区在工业用地供应方面进行积极探索和改革取得要素优化配置显著成效。北方地区资源型经济比重较大，产业链条短、韧性小，深加工程度低，新旧动能之间转换艰难，经济增长乏力（魏后凯等，2020），这使工业用地市场化配置缺乏活力，为实现既定经济目标只能更多地依赖政府力量来以地引资，导致工业用地市场化配置程度不高。

（2）时期异质性检验结果

在 2012 年党的十八大前后，中国经济形势逐步由高速增长转向新常态和以供给侧结构性改革为主线的高质量发展，中央制定的经济增长目标也逐步下调，地方政府制定的预期经济增长目标同时也降低。检验经济新常态变化前后，经济增长目标对城市工业用地市场化配置程度的影响。表 3-7 中，*before*2012×*tarpre* 表示经济增长目标与 2012 年之前年份形成的交互项；*later*2012×*tarpre* 表示经济增长目标与 2012 年之后年份形成的交互项。

表 3-7　异质性检验结果（二）

变量	（1）	（2）	（3）	（4）	（5）	（6）
*before*2012×*tarpre*	-0.200*** (0.015)					
*later*2012×*tarpre*		0.213*** (0.016)				
high×*tarpre*			-1.126*** (0.029)			
low×*tarpre*				1.115*** (0.029)		
heightlevel×*tarpre*					-1.244*** (0.099)	
generallevel×*tarpre*						1.250*** (0.091)
AR（1）	0.000	0.000	0.000	0.000	0.000	0.000
AR（2）	0.274	0.762	0.362	0.854	0.778	0.310
Sargan test	1.000	1.0000	1.000	1.000	1.000	1.000
Observations	3113	3113	3113	3113	3113	3113

注：*、**和***分别表示在 10%、5% 和 1% 的显著性水平上显著；括号内为稳健标准误。

由表 3-7 列（1）和列（2）结果可知，2012 年之前的交互项系数显著为负，

2012 年之后的交互项系数显著为正。究其原因：2012 年之前，保持经济高速增长是各级地方政府的普遍行为依据，政府干预下的"土地财政"行为削弱了市场对工业用地要素价格发挥决定性作用，进而抑制了工业用地要素市场配置水平。2012 年之后，各级地方政府的普遍行为目标准则逐渐转变为实现"稳增长"、保持经济中高速增长和实现高质量发展，经济新常态、要素供给侧结构性改革等的逐步提出为我国新时代经济发展做出了新的方向性指明。在不断深化工业用地要素市场化配置改革中，充分发挥市场在工业用地要素配置中的决定性作用，破除阻碍工业用地要素自主有序流动的体制机制障碍，这使 2012 年之后经济增长目标提升了工业用地要素市场配置水平。

（3）工业化水平异质性检验结果

工业化水平是城市重要的禀赋特征，将 2019 年所有地级市工业化水平排序后取中位数值，大于中位数值的城市赋值为 1，小于则赋值为 0。表 3-7 中，*high×tarpre* 表示经济增长目标压力与工业化水平较高城市形成的交互项；*low×tarpre* 表示经济增长目标压力与工业化水平较低城市形成的交互项。

由表 3-7 列（3）和列（4）结果可知，工业化水平相对较高的城市其经济增长目标对工业用地要素市场配置产生显著的负向影响。工业化比重较高的城市大多位于中西部、东北部内陆地区，区域形成单一传统重工业为主（魏后凯等，2020），而工业现代化进程需要迅捷的产业转型升级以适应经济发展，局限于原有的传统产业发展态势疲软，市场逐渐缩减且转型升级缓慢，地方政府官员迫于压力兑现承诺，难免在诸多经济活动上加强干预，违背工业用地市场经济客观规律。相比之下，工业基础没有那么雄厚的城市面临的经济结构转型和产业结构升级阻力较小，故而经济增长目标压力会提高其工业用地要素市场配置水平。

（4）城市等级异质性检验结果

按照城市等级的设定，将样本中的城市划分为两类：第一类为高行政级别城市，包括 4 个直辖市、10 个副省级城市和 5 个计划单列市；第二类为其他等级城市，包括地级、副地级城市。表 3-7 中 *heightlevel×tarpre* 表示经济增长目标与高行政级别城市形成的交互项；*generallevel×tarpre* 表示经济增长目标与其他等级城市形成的交互项。

由表3-7列（5）和列（6）结果可知，高行政级别城市经济增长目标压力对工业用地市场化程度的影响效应显著为负。由于城市级别不同、经济发展定位不同，高行政级别城市为了在经济增长方面与其他城市之间保持领先水平，甚至实现对自身以往经济增长水平的赶超，树立示范和榜样，往往具有"产业升级冲动"。并且，政府在推进产业结构升级时往往存在偏离当前要素禀赋下的发展阶段，而出现"过度去工业化"的现象。故而，高行政级别城市在工业用地出让过程中会有很强的政策性干预倾向，这将在一定程度上抑制市场对工业用地配置决定性作用的发挥。

3.4　进一步检验分析

经济增长目标会影响地方政府土地出让策略（胡深、吕冰洋，2019），从而抑制工业用地要素市场化配置水平。目前大多文献研究都将工业用地出让方式中的协议、挂牌、拍卖和招标不加区分地统一归类为"市场化出让手段"，而没有具体将它们拆分细化。在进一步研究中，本节将工业用地出让方式进一步细化研究。

3.4.1　对工业用地出让价格的检验结果

在表3-8中，*xiep*、*zhaop*、*paip*、*guap* 分别代表协议、招标、拍卖和挂牌四种方式下工业用地出让的平均价格，经济增长目标对招标出让方式下的工业用地出让价格影响有着负向作用，而对协议、拍卖和挂牌方式下的工业用地出让价格影响有着正向作用。结合实际以招标方式出让工业用地的案例分析原因，由于招标出让方式下，工业用地中标者大多属于条件符合且条件较优、出价中等的投标人，而往往不是出价最高者，且受政府、社会公共意图和目标作用明显，在政府为完成经济增长目标等多重指标的综合情况下，以招标方式出让的工业用地价格被压低。

表 3-8　工业用地出让价格实证结果

变量	*xiep*	*zhaop*	*paip*	*guap*
tarpre	1.471 ***	−1.451 ***	0.664 ***	2.917 ***
	(0.037)	(0.026)	(0.035)	(0.051)
L. xiep	0.210 ***			
	(0.002)			
L. zhaop		0.131 ***		
		(0.003)		
L. paip			0.170 ***	
			(0.002)	
L. guap				0.191 ***
				(0.003)
AR (1)	0.000	0.000	0.000	0.000
AR (2)	0.553	0.151	0.510	0.156
Sargan test	1.000	1.000	1.000	1.000
Observations	3113	3113	3113	3113

注：*、**和***分别表示在10%、5%和1%的显著性水平上显著；括号内为稳健标准误。

3.4.2　对工业用地出让宗数的检验结果

在表 3-9 中，*xiez*、*zhaoz*、*paiz*、*guaz* 分别表示协议、招标，拍卖和挂牌出让宗数占总出让宗数的比重。经济增长目标对于协议出让宗数比重有显著正向影响，而对于代表市场化水平的"招拍挂"三种出让方式的出让宗数占比都呈现不同程度的抑制作用，其中对市场化程度更高的拍卖和挂牌方式出让宗数的抑制性更强，这进一步印证了晋升激励和增长压力下，经济增长目标加剧了政府的行政干预，进而阻碍了工业用地市场化配置进程。

表3-9　工业用地出让宗数实证结果

变量	*xiez*	*zhaoz*	*paiz*	*guaz*
tarpre	0.590***	−0.027***	−0.199***	−0.250***
	(0.012)	(0.001)	(0.001)	(0.016)
L. xiez	0.310***			
	(0.002)			
L. zhaoz		0.050***		
		(0.001)		
L. paiz			0.443***	
			(0.001)	
L. guaz				0.328***
				(0.002)
AR (1)	0.000	0.000	0.000	0.000
AR (2)	0.762	0.274	0.362	0.854
Sargan test	1.000	1.000	1.000	1.000
Observations	3113	3113	3113	3113

注：*、**和***分别表示在10%、5%和1%的显著性水平上显著；括号内为稳健标准误。

3.4.3　对工业用地出让面积的检验结果

在表3-10中，*xiem*、*zhaom*、*paim*、*guam* 分别表示协议、招标、拍卖和挂牌出让面积占总出让总面积的比重。经济增长目标对于协议出让面积的比重有显著正向影响，而对于"招拍挂"出让方式的面积占比都呈现不同程度的抑制作用，这与工业用地出让宗数的实证结果一致。原因可能在于，我国地方政府在征用和开发工业用地方面享有垄断权，大面积工业用地出让可以为地方政府迅速带来财政收益和相应的固定资产投资，虽然目前工业用地原则上应该由"招拍挂"方式出让，仅在特殊情况下以协议方式出让，但协议方式以其更容易压低出让价格，进而更容易招商引资来培植新税源的特点，成了地方政府青睐的工业用地出让方式。在面对预期经济增长目标压力时，政府增加协议方式大面积出让工业用地，进而服务于土地财政的动机被进一步强化。

表 3-10　工业用地出让面积实证结果

变量	xiem	zhaom	paim	guam
tarpre	0.607 ***	−0.005 ***	−0.148 ***	−0.343 ***
	(0.010)	(0.000)	(0.008)	(0.021)
L. xiem	0.127 ***			
	(0.001)			
L. zhaom		0.0485 ***		
		(0.000)		
L. paim			0.432 ***	
			(0.001)	
L. guam				0.200 ***
				(0.003)
AR (1)	0.000	0.000	0.000	0.000
AR (2)	0.762	0.274	0.362	0.854
Sargan test	1.000	1.000	1.000	1.000
Observations	3113	3113	3113	3113

注: *、**和***分别表示在10%、5%和1%的显著性水平上显著;括号内为稳健标准误。

3.5　本章小结

经济发展目标统摄经济发展全局,对经济体系各领域运行具有"指挥棒"效应,探究经济增长预期目标对工业用地要素市场化配置的影响效应,对于建设有为政府,进而持续深化工业用地要素市场化改革具有重要意义。基于 2008～2019 年全国 283 个地级及以上城市数据,研究发现:经济增长预期目标抑制了工业用地要素市场化配置水平,在经过一系列稳健性检验后,该结论依然成立;在影响机制中,抑制作用主要通过政府干预和资本错配的传导路径产生影响;异质性分析上,从工业化程度、城市规模、所处区域、所处时期等不同城市特质切入,发现其影响效应具有多重异质特征。抑制作用由中部、西部到东北地区逐渐加强，并且主要体现在 2012 年之前；对于南方城市以及工业化水平较高、等级较高的城市抑制作用显著，其他城市则反之。进一步研究发现，其影响效应的深层原因是目标压力下政府有选择性的工业用地出让策略，减少了"招拍挂"出让的工业用地出让宗数和面积，压低了招标方式出让地块平均价格，倾向于协议出让和市场化出让方式中的招标方式，从而抑制了工业用地要素市场化配置。

2022 年，我国中央政府制定了 5.5% 左右的具有雄心的经济增长目标，面临着在高基数上实现中高速增长的巨大目标压力，实现"稳增长、保增长"并与"十四五"规划目标相衔接是目前地方政府的重要行为导向依据。同时，我国工业用地要素市场配置改革持续深化。根据已有实证研究结果，在以完成地方经济生产总值增长量最大化为核心的目标管理体系下，地方各级政府存在着偏离工业用地要素市场配置原则和方向的行为举措。为缓解晋升激励、财政激励、增长压力下形成的经济增长目标与工业用地要素市场化配置之间存在的矛盾，并基于当下扭转工业用地价格扭曲现象，进一步发挥工业用地市场供求机制和竞争机制作用，以实现经济社会发展与工业用地要素市场化配置双赢的目标，本节提出如下几点建议：

首先，完善地方政府政绩考核体系，纳入工业用地要素市场配置状况硬性约束指标，进一步深化地方政府立足全局、着眼长期的可持续性高质量发展意识。已有实证结果表明，各级地方政府的经济增长目标制定原则源于晋升激励、财政激励、增长压力，并且政府行为逻辑受制于 GDP 增长"锦标赛"下的政绩考核体系。应该逐步削弱以往以 GDP 考核为主的考核评价体系的相应权重，适当纳入体现工业用地要素市场供求机制、竞争机制、价格形成机制和市场运行机制状况的相关指标。同时，设定与完善地方政府政绩考核指标体系应考虑地方差异性，要放眼全国城市全局，因区施策，逐区逐城地根据城市工业化水平、城市等级有指向性、有针对性地调整政绩考核体系指标，将深化工业用地市场化改革落到实处。并且，要在地方政府政绩考核体系中纳入硬约束性的惩罚机制，如果未能完成最低要求的工业用地要素市场配置相关指标最低标准，则减少达标奖励或施以警戒惩罚。以此来调整地方政府制定和达成经济增长目标的行为逻辑方向，更加重视工业用地要素市场配置状况。

其次，弱化政府干预，强化工业用地市场价格决定机制，完善与工业用地相关的金融信贷配套服务制度建设。在机制检验中，实证结果表明，地方政府经济增长目标可以通过政府干预和资本错配两条路径抑制工业用地要素市场配置水平。工业用地作为传统要素型政策工具，地方政府往往通过干预工业用地市场，凭借低价出让工业用地招商引资，增加相应税收和固定资产投资来拉动地区经济增长。这种传统的"以地谋发展"策略在当下经济发展下行压力增大、投资预期降低的形势下已逐步变得不合时宜，要逐步摆脱唯"土地财政"的思维束缚而干预工业用地市场，发挥市场对工业用地价格的决定作用。要稳步推进在工业用地领域的金融供给侧结构性改革，完善民营、中小微工业企业为获取工业用地融资的相关信贷服务，优化不同工业企业间的融资结构，着力破除工业企业发展过程中"融资难"的瓶颈。此外，需加强金融监管，有效防控工业用地领域金融风险，增强遇到外部冲击时的工业经济韧性。

最后，要从根本上实现经济增长目标与工业用地要素市场配置双赢，最优的方法是不断探索新动能促进经济结构转型。当前经济下行压力增大，实现"保增长"是各级政府的必然选择。从研究结果看，实现经济增长目标与工业用地市场配置之间似乎形成了两难的矛盾。实质上，可以通过进一步推进"健全工业用地供应方式"的工业用地要素市场系列改革，强化工业用地要素市场供求机制、竞争机制、价格形成机制和市场运行机制，来积极协调有为政府建设与工业用地要素有效市场发展的关系，逐步摆脱传统土地要素政策工具，主动探索创新型政策工具来带动经济高质量发展。因此，实现经济发展目标与工业用地要素市场配置可以双赢，关键需要有为政府逐步探索新动能促进经济结构转型。

4　区域一体化与工业用地市场化配置

习近平总书记在扎实推进长三角一体化发展座谈会上强调："让要素在更大范围畅通流动""推动长三角一体化发展不断取得成效"。作为实现区域一体化发展的新引擎，城市群已经成为承载发展要素的主要空间形式，对推动我国经济社会实现高质量发展起到重要作用，但城市群内部行政区域的分割往往会造成资源配置的低效率和过度竞争。长江三角洲城市经济协调会（以下简称经济协调会）作为推动区域一体化进程的重要政策工具，旨在通过加强城市间政府合作，促进经济要素空间流动，实现区域经济一体化发展。在区域要素配置过程中，土地是经济发展的空间载体，同时也是支撑保障区域一体化发展的基础性要素（陆学艺，2011），其区域性特征及邻近性特征使工业用地市场化配置进程表现出较大空间差异性，考察和评估加入长三角城市经济协调会对工业用地市场化配置的作用效果、区域一体化建设中的土地要素市场化配置改革及推动区域经济高质量发展提供经验证据和支持。

4.1　政策背景与研究假设

长三角地区处于"一带一路"与长江经济带的交汇地带，是中国经济实力最强、市场发育最好、一体化程度最高的区域之一，在新时代建设现代化国家和对外开放中具有举足轻重的战略地位。长三角地区高度重视通过加强政府间合作推动区域协调发展，自1997年15个城市自愿组成跨区域城市合作组织——长三角城市经济协调会以来，长三角区域合作机制已走过20多年历程，截至2020年底，共有30个城市加入经济协调会，实现了对长三角地区三省一市的覆盖，成为推动区域合作的重要协调议事平台。经济协调会设常务主席方和执行主席方，分别由上海市和除上海市外的其他成员城市轮流担任，并在常务主席方设协调会办公室来负责日常工作，在此机制框架下，定期召开的市长联席会议围绕"交通""产业""科技"等主题，加强区域协商合作，努力把长三角建设成为高质量一体化发展的区域集群。

经济协调会成立20多年来已成为促进区域一体化发展的重要组织机构，吸引学术界对其政策效应进行广泛讨论。已有文献关注经济协调会与经济增长的关系，研究认为城市群合作与整合能够有效减弱市场分割程度从而促进区域经济增长（刘乃全、吴友，2017；张学良等，2017）。随着经济社会的持续发展和区域合作的不断深入，地区间产业转移过程中的环境污染问题日益受到重视，学者通过研究发现，区域一体化合作的环境正外部性较强，有利于城市污染排放程度的降低（贺祥民等，2016；张可，2018；尤济红、陈喜强，2019）；但有学者基于水资源视角，研究发现长三角一体化显著提高了工业废水排放强度，加剧了长三角地区水污染问题（赵领娣、徐乐，2019）。此外，也有部分学者将研究视角集中在公司治理（陈胜蓝等，2019）、长三角一体化发展的梳理与展望（唐亚林，2019；张学良等，2019）等方面。

经济协调会的成立，加快了内部经济要素流动并提高了要素配置竞争程度，但相较于资本、劳动力等要素，土地要素的不可移动性决定其更容易受到行政性配置。在加入经济协调会后，城市间利益让渡和协调共享可能会改变城市群土地资源配置格局，因此，辩证评估经济协调会对工业用地市场化配置的影响是区域一体化进程的一个重要环节。一方面，根据新经济地理学可知，在合理水平的运输成本范围内，规模较大的市场能够吸引更多生产要素的集聚（Krugman，1991；

Krugman and Elizondo, 1996)，经济协调会内各城市在经济发展水平、资源禀赋等方面存在异质性，部分城市具备政策先行优势、完善的基础设施和优越的市场环境等条件，吸引了大量资本和劳动力要素集聚。而其他城市在要素外流后竞争力下降，基于财税压力和晋升激励，地方政府将工业用地视为招商引资的重要政策工具，加大对工业用地出让市场的干预，弱化了市场机制对土地资源的配置作用。另一方面，我国城市经济仍然是按"行政区经济"运行（张学良、林永然，2019），经济协调会及城市群内部区划边界众多，制约土地市场化配置的行政壁垒依然存在，各行政主体的利益诉求不尽相同且博弈日趋激烈，加之政府间行政级别的差异使各地之间工业用地政策效果不同，导致城市群内部面临协作机制不完善、土地要素市场化配置水平不高等问题，在此情况下工业用地出让价格难以反映土地真实价值。基于此，本章提出如下假设：

假设：在加入经济协调会后，城市间利益让渡和协调共享可能会改变城市群土地资源配置格局，导致工业用地市场化配置程度显著下降。

4.2 模型设计与指标选取

4.2.1 研究设计

鉴于其他城市群未设立类似协调组织机构，在不同年度加入经济协调会可形成一个错层的"准自然实验"，对时间维度和地区维度进行"双重"差分，可检验经济协调会与工业用地市场化配置的关系。截至2017年底，我国五大城市群的96个地级市中，共有30个城市加入经济协调会，将其作为处理组样本，而其他未加入经济协调会的城市为控制组样本。构造如下双向固定效应模型，探究加入经济协调会后城市工业用地市场化配置程度的变动状况：

$$MIL_{it} = \beta_0 + \beta_1 ENLA_{it} + \alpha X_{it} + \gamma_t + \mu_i + \varepsilon_{it} \qquad (4-1)$$

其中，MIL_{it} 表示城市 i 第 t 年工业用地市场化配置程度；$ENLA_{it}$ 表示加入经济协调会的虚拟变量；X_{it} 表示其他控制变量；γ_t 表示时间固定效应；μ_i 表示各城市的个体固定效应。式（4-1）中最为关键的是系数 β_1，表示加入经济协调会的城市与其他未加入经济协调会的城市相比，其工业用地市场化配置程度是否具有显著性变化，若 β_1 显著为正，说明加入经济协调会促进了工业用地市场化配置，反之则存在抑制作用。

4.2.2 指标选取

（1）核心解释变量

借鉴张学良等（2017）、尤济红和陈喜强（2019）的研究，构建加入经济协调会（$ENLA$）这一虚拟变量，如果城市 i 在 t 年加入或已经加入经济协调会取值为 1，否则取值为 0。

（2）控制变量

选取如下变量以控制其他因素对工业用地市场化配置的潜在影响：

1）经济发展水平（$lgdp$）。工业用地市场化配置在一定程度上受到地区经济发展水平的影响，选择地均 GDP 衡量经济发展水平，为提高数据平稳性取对数处理。

2）产业结构水平（ais）。产业结构水平越高的地区工业用地需求相对较小，工业用地市场产生寻租的可能性就越低，更有利于推进工业用地市场化配置，选择第三产业产值与第二产业产值之比作为衡量指标。

3）政府资源控制力（grv）。地方政府的财政压力在一定程度上会影响政府干预土地市场的动机与行为，进而影响工业用地市场化配置，采用预算内财政支出占地区 GDP 的比重作为衡量指标。

4）土地资源禀赋（$land$）。随着工业化和城市化进程推进，建设用地供需矛盾日益突出，土地要素充裕程度会影响工业用地市场化配置，选取人均建成区面积反映地区增加土地要素供给空间的潜力。

5）市场规模（mar）。一个地区市场规模越大，对工业企业投资的吸引就越强，进而影响当地工业用地市场化配置，以城市人均 GDP 与全国人均 GDP 的比值表征市场规模。

6）融资环境（fe）。金融发展使工业企业更容易获得生产资金，缓解自身融资约束，进而盘活工业用地交易市场，使用金融机构各项贷款余额与 GDP 的比值表征融资环境的影响。

4.2.3 研究区域与数据来源

以《京津冀协同发展规划纲要》《长江中游城市群发展规划》《珠江三角洲地区改革发展规划纲要（2008-2020 年）》《成渝城市群发展规划》以及长江三角洲城市经济协调会（截至 2017 年）划定的空间范围为依据，选取 2007~2017 年京津冀、长三角、长江中游、珠三角和成渝五大城市群的 96 个城市为研究对象。控制变量数据来源于历年《中国城市统计年鉴》；对于部分缺失数据采用其前后两年的均值进行替代。为消除价格变动影响，以 2007 年为基期，利用各省份居民消费价格指数对地区 GDP、人均 GDP、预算内财政支出和金融机构各项贷款余额等变量进行平减处理。变量的描述性统计如表 4-1 所示。

表 4-1 变量的描述性统计

变量	样本量	均值	标准差	最小值	最大值
MIL	1056	1.168	0.786	0.138	12.272
ENLA	1056	0.250	0.433	0.000	1.000
lgdp	1056	7.428	1.181	4.343	11.391
ais	1056	0.816	0.399	0.336	4.238
grv	1056	0.176	0.155	0.015	2.034
land	1056	0.383	0.564	0.031	4.817
mar	1056	1.166	0.688	0.255	4.386
fe	1056	1.039	0.757	0.264	9.012

4.3 区域一体化发展对工业用地
市场化配置的影响

4.3.1 基准回归结果

运用双向固定效应模型考察加入经济协调会后城市工业用地出让市场化配置程度的变动状况，基准回归结果如表4-2所示。列（1）为未加入控制变量的初步估计结果，在仅控制时间和地区固定效应后发现 *ENLA* 估计系数为-0.182，但未能通过显著性检验。在列（2）中加入一系列控制变量之后，*ENLA* 估计系数变为-0.288，并且在5%的显著性水平上显著。以上结果表明，加入经济协调会后显著抑制了地区工业用地市场化配置。产生这一结果的原因在于，经济协调会的设立加快了资本、劳动力等要素流动，这些经济要素在经济发展水平、市场环境等条件更为优越的地方实现了集聚，而其他城市在要素外流后竞争力下降；基于财税压力和晋升激励，城市间工业用地引资竞争加剧，改变了城市群土地资源配置格局；再加上行政壁垒的长期存在阻碍了工业用地资源的有效配置，对地区工业用地市场化配置的负向影响效应明显。

表4-2 基准回归结果

解释变量	（1）	（2）
ENLA	-0.182 (-1.501)	-0.288 ** (-2.052)
lgdp		1.005 *** (2.636)
ais		0.781 *** (4.596)

续表

解释变量	（1）	（2）
grv		0.240
		（1.069）
land		−4.070**
		（−2.065）
mar		−0.400***
		（−3.042）
fe		0.191
		（1.647）
时间效应	YES	YES
地区效应	YES	YES
constant	0.775***	−5.143**
	（19.043）	（−2.377）
N	1056	1056
Adj. R²	0.523	0.712

注：*、**和***分别表示在10%、5%和1%的显著性水平上显著，括号里的值为t值。

基于列（2）的估计结果，从经济发展水平和产业结构水平估计结果来看，其估计系数均在1%的显著性水平上显著为正，说明一个城市经济发展水平越高、产业结构水平越高，对当地工业用地市场化配置促进作用越明显。相比之下，政府资源控制力和融资环境估计系数虽也为正，但未能通过显著性检验，表明其对工业用地市场化配置影响作用较弱。土地资源禀赋估计系数显著为负，原因在于地方政府增加土地要素供给空间的潜力越大，将会弱化工业用地要素市场竞争程度，阻碍工业用地市场化进程。市场规模估计系数在1%的显著性水平上显著为负，主要原因是市场规模越大的地区，低价出让土地进而追求工业企业所创造税收与就业机会的动机越强。

4.3.2　平行假设检验与经济协调会的动态效果

使用双重差分法的一个重要前提是平行趋势假设，即处理组和控制组存在同质性。为检验该假设的存在，借鉴史贝贝等（2017）研究方法，构建加入经济协

调会之前第 k 年（其中，$k=2$，3，4）的年份虚拟变量与经济协调会成员城市哑变量的交互项，纳入基准模型进行回归。具体结果如表 4-3 列（1）所示，加入经济协调会之后对工业用地市场化配置的抑制作用依然显著存在，而加入经济协调会之前的年份效应均不显著，说明处理组和控制组的设置满足平行趋势假设，即在没有加入经济协调会时，处理组和控制组的工业用地市场化配置趋势没有显著差异，同时也表明加入经济协调会对工业用地市场化配置具有负向影响效应。

基准回归结果验证了加入经济协调会对工业用地市场化配置的显著抑制作用，然而这仅评估了经济协调会对工业用地市场化配置的平均效应。为进一步探究经济协调会对工业用地市场化配置的动态影响效应，参照陈晓红等（2019）的做法，设定如下模型：

$$MLIL_{it}=\beta_0+\beta_1 ENLA_{it}\times Year_i+\alpha X_{it}+\gamma_t+\mu_i+\varepsilon_{it} \tag{4-2}$$

其中，$Year_i$ 表示相应年份的虚拟变量。

表 4-3 列（2）回归结果中，除 2007 年和 2011 年外，2013 年之前的交互项估计系数均不显著，表明经济协调会会员城市与非经济协调会会员城市的工业用地市场化配置变动状况并无显著差异，间接验证平行趋势假设条件成立。2007年，交互项估计系数显著为负，可能与当年《全国工业用地出让最低价标准》正式实施有关，而 2011 年交互项估计系数显著为负，主要是受到 2010 年经济协调会扩容的滞后影响，下一节稳健性检验部分将对这两方面作进一步分析。2013年之后，加入经济协调会对工业用地市场化配置的抑制作用表现为先小后大趋势，在总体上呈现"U"形特征。

表 4-3　平行假设检验与动态效应回归结果

解释变量	（1）	（2）
$ENLA$	-0.267* (-1.741)	
$ENLA\times Before-4$	0.104 (1.224)	

解释变量	（1）	（2）
$ENLA \times Before-3$	0.057 （0.525）	
$ENLA \times Before-2$	−0.009 （−0.097）	
$ENLA \times Year2007$		−0.427* （−1.693）
$ENLA \times Year2008$		−0.363 （−1.648）
$ENLA \times Year2009$		−0.307 （−1.314）
$ENLA \times Year2010$		−0.256 （−1.552）
$ENLA \times Year2011$		−0.276* （−1.948）
$ENLA \times Year2012$		−0.206 （−1.325）
$ENLA \times Year2013$		−0.266* （−1.790）
$ENLA \times Year2014$		−0.216* （−1.782）
$ENLA \times Year2015$		−0.214 （−1.332）
$ENLA \times Year2016$		−0.263* （−1.695）
$ENLA \times Year2017$		−0.462** （−2.330）
controls	YES	YES
时间效应	YES	YES
地区效应	YES	YES
$constant$	−5.138** （−2.373）	−5.276** （−2.398）
N	1056	1056
Adj. R^2	0.711	0.711

注：*、**、***分别表示在10%、5%和1%的显著性水平上显著，括号里的值为t值。

4.3.3　稳健性检验

4.3.2 节回归检验表明，加入经济协调会对工业用地市场化配置具有显著抑制作用，为保证研究结论可靠性，进行以下稳健性检验。

（1）安慰剂检验

为排除其他事件或政策对研究结论可能产生的干扰，同时尽可能消除潜在的遗漏变量问题，通过构建虚假实验组和虚假经济协调会设立时间对基准结论进行安慰剂检验。

第一，构建虚假实验组。在原实验设计中，作为实验组的长三角城市群，其工业用地市场化配置程度变动能够充分反映经济协调会设立的政策效果。为进一步验证结果稳健性，分别利用京津冀、珠三角、长江中游和成渝城市群作为虚假实验组，以 2010 年成立经济协调会为例，对基准模型进行估计，估计结果如表 4-4 列（1）～列（4）所示。结果显示，京津冀［列（1）］、珠三角［列（2）］和成渝城市群［列（4）］ $ENLA$ 估计系数不显著或为正值，说明这些城市群工业用地市场化配置受经济协调会政策影响较小或为正向影响；而长江中游城市群［列（3）］ $ENLA$ 估计系数显著为负，这主要是由于长江中游城市群与长三角城市群在地理位置上紧密相邻，承接长三角地区产业转移较多，因此在区域经济政策一致性方面与长三角城市群较为接近。此外，2013 年成立经济协调会的估计结果与表 4-4 列（1）～列（4）结果基本一致。综合上述分析，说明加入经济协调会对工业用地市场化配置具有抑制作用。

第二，构建虚假经济协调会设立时间。将各城市加入经济协调会的时间分别提前 2 年、3 年和 4 年进行检验，如果 $ENLA$ 估计系数显著为负，说明工业用地市场化配置受到抑制可能来自其他事件或政策的影响，反之说明工业用地市场化配置受到抑制确实是由其加入经济协调会所引起的，具体结果如表 4-4 列（5）～列（7）所示。由表 4-4 列（5）可知，若将加入经济协调会的时间提前 2 年，$ENLA$ 估计系数与显著性水平均有所下降，但仍通过 10% 水平显著性检验，原因可能是加入经济协调会具有较强的政策预期，会干扰提前 2 年的估计结果。

进一步将加入经济协调会的时间分别提前3年和4年，表4-4列（6）和列（7）估计结果显示，加入经济协调会未对工业用地市场化配置产生显著影响。安慰剂检验结果表明基准回归结果是由加入经济协调会所导致，进一步验证了结果的稳健性。

表4-4 稳健性检验回归结果（一）

解释变量	（1）	（2）	（3）	（4）	（5）	（6）	（7）
ENLA	−0.008 （−0.075）	0.633** （2.302）	−0.331*** （−3.338）	0.119 （1.180）			
ENLA-Advance-2					−0.240* （−1.719）		
ENLA-Advance-3						−0.186 （−1.320）	
ENLA-Advance-4							−0.128 （−0.925）
controls	YES	YES	YES	YES	YES	YES	YES
时间效应	YES	YES	YES	YES	YES	YES	YES
地区效应	YES	YES	YES	YES	YES	YES	YES
constant	−5.436** （−2.341）	−5.695** （−2.470）	−6.207** （−2.585）	−5.406** （−2.291）	−5.322** （−2.338）	−5.400** （−2.318）	−5.431** （−2.313）
N	1056	1056	1056	1056	1056	1056	1056
Adj. R^2	0.708	0.719	0.714	0.708	0.710	0.708	0.708

注：*、**、***分别表示在10%、5%和1%的显著性水平上显著，括号里的值为t值。

（2）排除高铁开通干扰

考虑到自2007年以来中国高铁大规模建设与开通，既使区域经济联系更加密切，也使经济要素空间流动行为加快，这可能会影响研究期内估计结果的稳健性。在基准模型控制变量中加入高铁开通（hsr）这一虚拟变量来考察加入经济协调会对工业用地市场化配置的政策效果是否会发生变化。参考张梦婷等（2018）的研究，如果某一城市在当年开通或已经开通高铁赋值为1，否则赋值为0。估计结果如表4-5列（1）所示，ENLA估计系数仍显著为负，而hsr估计

中国城市工业用地市场化配置研究

系数未能通过显著性检验，表明高铁开通对工业用地市场化配置影响较弱，进一步支持了加入经济协调会抑制工业用地市场化配置的结论。

（3）排除 2007 年之前已经加入经济协调会的样本干扰

在 2010 年以及 2013 年长三角城市群扩容前，经济协调会已有 16 个会员城市，经过长期协商合作，这些原位城市的政府协商与经济合作行为可能会干扰经济协调会的政策效果，影响对研究期内工业用地市场化配置变动规律的识别。剔除上海等 16 个原位城市，仅以 2010 年和 2013 年加入经济协调会的 14 个城市作为实验组，对照组保持不变，对基准模型重新进行检验。表 4-5 列（2）给出了相应回归结果，ENLA 估计系数为负且通过了 5% 水平显著性检验，验证了研究结论可靠性，即加入经济协调会对工业用地市场化配置有抑制作用。

（4）其他稳健性检验

除以上测试外，还进行其他稳健性检验，主要包括以下内容：

一是控制变量滞后一期。为排除控制变量与被解释变量之间可能产生的双向影响并降低潜在内生性问题，将所有控制变量均滞后一期进行回归，如表 4-5 列（3）所示。ENLA 估计系数在 5% 的显著性水平上显著为负，表明加入经济协调会对工业用地市场化配置具有显著抑制作用。

表 4-5　稳健性检验回归结果（二）

解释变量	（1）	（2）	（3）	（4）	（5）
ENLA	-0.289 ** (-2.070)	-0.267 ** (-1.988)	-0.322 ** (-2.234)	-0.295 ** (-2.045)	-0.359 ** (-2.323)
hsr	-0.256 (-2.189)				
controls	YES	YES		YES	YES
L. controls			YES		
时间效应	YES	YES	YES	YES	YES
地区效应	YES	YES	YES	YES	YES
constant	-5.131 ** (-2.326)	-5.840 ** (-2.610)	-8.096 * (-1.774)	-4.920 ** (-2.074)	-5.071 ** (-2.290)

续表

解释变量	（1）	（2）	（3）	（4）	（5）
N	1056	880	960	1001	960
Adj. R^2	0.712	0.713	0.704	0.726	0.726

注：＊、＊＊和＊＊＊分别表示在10%、5%和1%的显著性水平上显著，括号里的值为t值。

二是剔除核心城市样本。考虑到核心城市虹吸效应，为准确评估研究期内经济协调会对工业用地市场化配置冲击效应，利用剔除核心城市样本的数据重新对基准模型进行回归，如表4-5列（4）所示，ENLA估计系数仍显著为负，进一步验证结果稳健性。

三是剔除工业用地出让政策实施当年的样本。2007年《全国工业用地出让最低价标准》文件正式实施，对工业用地市场化配置具有重要影响，为排除该政策实施当年对工业用地市场化配置产生的冲击，剔除2007年样本后再进行回归，如表4-5列（5）所示。ENLA估计系数和显著性与基准回归结果基本一致，再次证明经济协调会对工业用地市场化配置抑制作用的显著存在。

4.4　进一步拓展研究

4.4.1　城市距离回归结果

考虑到城市群内部城市发展并不平衡，核心城市具备政策优势、基础设施完善、市场环境优越等条件，外围城市的经济活动、资源配置等会受到与核心城市距离的影响，进而影响各城市工业用地市场化配置。参考陆铭等（2019）的研究，选取北京、上海、广州、武汉和重庆作为各城市群核心城市，通过城市行政中心经纬度坐标计算城市群内其他城市与核心城市间距离，并以高铁时速300千米为标准（宋冬林、姚常成，2019），采用300千米作为空间距离阈值，考察加入经济协调会对1小时交通圈内外工业用地市场化配置的影响差异。

根据表4-6中列（1）回归结果可知，1小时交通圈内 *ENLA* 估计系数在1%的显著性水平上显著为负，与基准回归结果相比，工业用地市场化配置受到的抑制程度大大增加。表明受城市加入经济协调会的影响，资本、劳动力等要素在与核心城市地理距离越近的地区流动速度越快，使经济要素加速由外围城市流向核心城市，外围城市在要素外流后竞争力下降，地方政府将土地视为吸引企业投资的重要政策工具，纷纷加大对工业用地出让市场的干预，弱化了市场机制对土地资源的配置作用。而列（2）回归结果显示，1小时交通圈外 *ENLA* 估计系数为正但未通过显著性检验，说明加入经济协调会对加强城市间经济联系与要素流通有一定促进作用，但由于与核心城市距离过远，对工业用地市场化配置的政策效应并不明显，因此1小时交通圈外 *ENLA* 估计系数为正且不显著。

表4-6 城市距离与行政壁垒回归结果

解释变量	(1)	(2)	(3)	(4)	(5)	(6)
ENLA	-0.712*** (-2.715)	0.086 (0.879)	-0.267* (-1.982)	-0.125 (-1.642)		
ENLA×High					-0.046 (-0.817)	
ENLA×Low						-0.301** (-2.027)
controls	YES	YES	YES	YES	YES	YES
时间效应	YES	YES	YES	YES	YES	YES
地区效应	YES	YES	YES	YES	YES	YES
constant	-6.062*** (-2.989)	0.149 (0.097)	-6.647*** (-2.936)	-2.460 (-1.524)	-5.435** (-2.292)	-5.192** (-2.394)
N	748	308	814	869	1056	1056
Adj. R²	0.737	0.743	0.766	0.704	0.708	0.712

注：*、**、***分别表示在10%、5%和1%的显著性水平上显著，括号里的值为t值。

4.4.2 行政壁垒回归结果

我国的城市经济仍然是按"行政区经济"运行，城市间行政壁垒的存在对区域土地市场一体化建设有重大影响。是否同省、是否相邻以及城市行政级别等因素将导致地方政府在工业用地出让调控力度和效果等方面有较大差异，进而影响加入经济协调会对工业用地市场化配置的政策效果。

在政策评估中面临的一个问题是，核心城市对相邻城市的虹吸效应和溢出效应均较强，对工业用地市场化配置产生的影响较为复杂，干扰了对经济协调会政策效果净效应的评估，为应对这一问题，在回归中排除了与核心城市相邻样本。表4-6列（3）结果表明，*ENLA* 估计系数显著为负，较基准回归结果略有下降，说明加入经济协调会对工业用地市场化配置存在负向影响效应。此外，省际行政壁垒也是影响区域要素配置一体化进程的重要因素，为更好地考核经济协调会的政策效果，剔除与核心城市同省的城市样本后再对基准模型进行检验。回归结果如表4-6列（4）所示，*ENLA* 估计系数和显著性均有明显下降，加入经济协调会并未对工业用地市场化配置产生显著的效果，表明加入经济协调会存在省域边界效应，对区域内经济联系与要素流动有一定阻碍作用，加入经济协调会的初衷并未完全达到。

4.4.3 城市级别回归结果

基于城市行政级别以及政府权限考虑，将研究样本划分为高行政级别城市与低行政级别城市，并设置高行政级别城市（*High*）和低行政级别城市（*Low*）这两个区域虚拟变量（*citylevel*），在式（4-1）基础上，分别引入这两个变量与加入经济协调会变量的交互项，以考察加入经济协调会对工业用地市场化配置的政策效应在不同行政级别城市是否存在差异。

根据表4-6中列（5）和列（6）回归结果可知，高行政级别城市与经济协调会的交互项估计系数为负但未能通过显著性检验，而低行政级别城市与经济协调会的交互项估计系数显著为负，表明加入经济协调会对工业用地市场化配置负向影响作用在低行政级别城市更为明显。原因在于高行政级别城市在经济协调会中居于主导地位，在要素配置、政策倾斜等方面与低行政级别城市相比有较大话语权（唐亚林，2019），低行政级别城市对工业企业投资吸引力不足，导致工业用地出让市场活跃度不高，工业用地市场化配置受抑制影响效应较强。

4.5　本章小结

实施区域协调发展战略是新时代国家重大战略之一，同时也是贯彻新发展理念、实现高质量发展的重要组成部分。经济协调会作为推动区域一体化进程的代表性组织机构，探究经济协调会与工业用地市场化配置的关系对于推动区域一体化发展和土地要素市场化配置体制机制改革具有重要现实意义。本章基于2007～2017 年五大城市群的 96 个城市工业用地出让数据，采用双重差分法考察加入经济协调会对城市工业用地市场化配置的影响。研究发现：①加入经济协调会显著抑制了城市工业用地市场化配置，使处理组比控制组下降约29%，在经过一系列稳健性检验后，该结论依然成立；②加入经济协调会对工业用地市场化配置负向影响作用在与核心城市地理距离越近的地区更为明显，在距离核心城市较远的地区这种抑制作用并不显著；③城市间行政壁垒的存在对土地要素市场化配置有着重要影响，城市行政级别、是否同省以及是否相邻等因素将导致加入经济协调会对工业用地市场化配置的政策效果有较大差异。

以上研究结论具有重要政策启示：①应进一步深化工业用地市场化配置改革，完善区域土地市场化配置机制，形成统一开放竞争有序的要素市场，使市场机制在土地资源配置中起决定性作用。②要提高区域政策协同，发挥各城市比较优势，推动城市间分工协作，促进经济要素合理流动。对于核心城市而言，应充分发挥引领作用，通过增强辐射带动周边城市发展；对于周边城市而言，应根据自身实际发展状况，制定实施差异化战略，争取通过核心城市的溢出效应来抵消虹吸效应。③通过经济协调会等区域协作平台，加强跨城市协调发展的制度创新，消除妨碍要素配置的各类行政壁垒，减弱政府过多干预对工业用地市场化配置的不良影响，并重视以市场机制加强城市间合作。

5 工业用地市场化对工业绿色经济效率的空间效应

　　生态保护和高质量发展已成为新时代区域发展的重要战略，习近平总书记在黄河流域生态保护和高质量发展座谈会上表示："坚持生态优先、绿色发展""推动黄河流域生态保护和高质量发展"（习近平，2019）。随着工业化和城市化进程加快，资源与环境的约束力逐渐显现，黄河流域作为我国重要工业带，要实现工业经济绿色发展，就要解决区域经济发展与资源环境承载力的冲突（程钰等，2019）。地方政府通过干预城市土地要素供给来提升本地经济，进而推动了工业化与城镇化发展（刘守英等，2020），但以地引资性质的工业用地出让可能导致恶性竞争和资源价格扭曲，工业企业的低水平建设和高污染、高耗能的特质使非期望产出不断增加、生态环境遭到破坏，进而影响到工业绿色经济效率的提升（张莉等，2011a；饶映雪、戴德艺，2016）。大量供给工业用地的同时抬高商住用地出让价格，这种供地方式使土地资源出现错配现象，进而抑制土地的高效利用（亓寿伟等，2020）。《国务院关于加强土地调控有关问题的通知》明确规定"工业用地出让价格不得低于公布的最低价标准"，以此希望来推进工业用地要素市场化配置行为。在绿色发展理念要求下，研究地方政府工业用地要素市场化配置与工业绿色经济效率的关系对于推动黄河流域经济转型升级和优化要素配置具有重要现实意义。

5.1 研究方法与变量选取

5.1.1 研究方法

（1）空间自相关检验

首先要判断黄河流域工业绿色经济效率在空间上是否存在自相关性，使用全局 Moran's I 指数和 Moran's I 散点图对其进行空间自相关检验。全局 Moran's I 指数的公式为：

$$Moran's\ I = \frac{\sum\limits_{i=1}^{n}\sum\limits_{j=1}^{n}W_{ij}(le_i - \overline{le})(le_j - \overline{le})}{S^2\sum\limits_{i=1}^{n}\sum\limits_{j=1}^{n}W_{ij}} \tag{5-1}$$

其中，le_i 和 le_j 分别表示黄河流域第 i 个和第 j 个城市的工业绿色经济效率；W_{ij} 表示空间权重矩阵中的元素；n 表示城市个数；$\overline{le} = \frac{1}{n}\sum\limits_{i=1}^{n}le_i$ 表示工业绿色经济效率的平均值；$S^2 = \frac{1}{n}\sum\limits_{i=1}^{n}(le_i - \overline{le})^2$ 表示工业绿色经济效率的方差。Moran's I 指数的取值在 -1~1，大于 0 表示正自相关，即黄河流域城市的工业绿色经济效率存在空间正相关性；小于 0 则相反；接近于 0，则表明空间分布随机且不存在空间自相关。进一步可通过 Moran's I 散点图呈现城市之间的集聚模式。为表示各城市在空间上的依赖性与关联程度，选择城市间公路最短距离构建空间权重矩阵。

（2）空间杜宾（SDM）模型

使用空间杜宾模型探究黄河流域工业用地市场化配置程度对工业绿色经济效率的空间溢出效应，如式（5-2）所示：

$$le_{it}=c+\alpha MIL_{it}+\beta X_{it}+\rho Wle_{it}+\theta WMIL_{it}+\delta WX_{it}+\varepsilon_{it} \tag{5-2}$$

其中，i 表示城市；t 表示时间；le 表示工业绿色经济效率；MIL 表示工业用地市场化程度；X 表示其他控制变量；c 表示常数项；α 和 β 表示各自变量估计系数；ε 表示正态分布的随机误差变量；W 表示空间权重矩阵；ρ 表示空间自回归系数，反映本地区工业绿色经济效率对相邻地区工业绿色经济效率的影响；θ 表示工业用地市场化程度的空间滞后项系数；δ 表示其他控制变量的空间滞后项系数。若空间滞后项系数显著不为零，回归系数便不能用于解释自变量的空间溢出效应，对此，LeSage 和 Pace（2009）提出了空间回归模型的偏微分方法，用直接效应、间接效应和总效应来解释自变量的空间溢出效应。其中，直接效应表示本地区的解释变量对本地区工业绿色经济效率的影响；间接效应表示本地区解释变量的变化对相邻工业绿色经济效率的影响；总效应表示直接效应与间接效应之和。

5.1.2 研究变量选取

（1）工业绿色经济效率

运用 Tone（2002）提出的基于非期望产出的超效率 SBM 模型，以全国 282 个地级市作为决策单元来构造最优的生产前沿面，考虑工业绿色经济效率中的非期望，使用如下指标进行测算：①将资本、土地、劳动力和能源作为投入指标，分别用城市固定资产投资额、工业用地面积、工业从业人数和工业用电量作为表征指标；②选取城市工业生产总值作为期望产出指标；③选取工业废水排放量、工业二氧化硫排放量和工业烟尘排放量作为非期望产出指标。

（2）控制变量

1）经济发展水平（$lnpgdp$）。经济发展水平高的地区地方政府有更多的财政资金投入到工业基础设施建设及提升劳动力和管理人员的素质中，进而提升工业绿色经济效率，选取人均 GDP 的自然对数来衡量。

2）工业行业集聚程度（hj）。工业行业集聚可以有效降低工业运输成本，提高工业绿色经济效率，使用地区工业生产总值与全国工业生产总值的比值来衡量。

3）工业用地供给程度（*gj*）。经济实力相近或地理位置相邻的地区为了在招商引资竞争中获胜，存在竞相增加工业用地供给的行为，但以地引资的恶性竞争会造成工业绿色经济效率低下，使用工业用地出让面积占建设用地出让总面积的比值衡量。

4）工业企业聚集程度（*qj*）。城市工业企业的聚集会加强企业间的信息传递，对于分工协作、专业化生产具有促进作用，选取规模以上工业企业数量与工业用地面积比值衡量。

5）内资工业企业占比（*nzs*）。内资工业企业是中国工业能源消耗与环境污染排放的主体，选取内资工业企业数量占规模以上工业企业数量比值表示。

6）环境规制（*fg*）。经济落后地区在经济增长压力下的引资底线竞争导致政府吸引的投资项目质量低、环境标准低，造成了严重的环境污染，环境规制水平的提高能促进地区的工业绿色经济效率，使用工业固体综合利用率来衡量。

7）房地产价格（*lfc*）。房价作为住宅用地的价格，体现与工业用地之间的竞争关系，进而影响工业绿色经济效率，使用各城市房地产价格的自然对数衡量。

5.1.3 研究区域与数据来源

研究范围以自然形成的黄河流域为主体，包括青海、甘肃、宁夏、内蒙古（不包含东四盟，赤峰市、通辽市、呼伦贝尔市和兴安盟）、陕西、山西、河南、山东 8 个省级行政区的 79 个地级市，并且根据黄河流域的生态环境将其分为上游、中游和下游三大区域，上游地区包括青海、甘肃和宁夏，中游地区包括内蒙古、陕西和山西，下游地区包括河南和山东。

所使用数据主要来源于历年《中国城市建设统计年鉴》与历年《中国城市统计年鉴》；房地产价格来源于国家信息中心宏观经济与房地产数据库；空间权重矩阵中的公路距离经由百度地图获取。对于指标存在的缺失值，采用插补法进行填充。为反映真实的经济发展水平，消除价格变动带来的影响，将工业生产总值根据 GDP 平减指数折算到以 2007 年为基期的不变价格。主要变量的描述性统计如表 5-1 所示。

表 5-1　主要变量的描述性统计

变量	变量符号	观测值	均值	标准差	最小值	最大值
工业绿色经济效率	le	790	0.379	0.303	0.033	1.221
工业用地市场化程度	MIL	790	1.047	0.465	0.021	3.763
经济发展水平	$lnpgdp$	790	10.35	0.698	8.131	12.46
工业行业集聚程度	hj	790	0.003	0.003	0.001	0.018
工业用地供给程度	gj	790	0.312	0.166	0.001	0.922
工业企业聚集程度	qj	790	10.570	8.904	0.478	70.230
内资工业企业占比	nzs	790	0.952	0.060	0.584	1.000
环境规制	fg	790	77.810	24.030	1.850	100
房地产价格	lfc	790	7.982	0.393	6.739	9.105

5.2　工业用地市场化和工业绿色经济效率的时空格局

5.2.1　工业用地市场化程度的时空演变

2007～2006 年黄河流域地方政府工业用地市场化程度如图 5-1 所示。黄河流域整体的工业用地市场化出让向市场化竞争出让转变，从 2007 年的 0.77 上升到 2016 年的 1.20。但由于经济发展水平、资源禀赋条件和政府财政压力等不同，黄河流域上游、中游、下游地区的工业用地市场化程度具有较大差距。

2007～2016 年，黄河流域上游地区的工业用地市场化程度数值在 0.65 左右波动，上游地区经济发展水平较落后，地方政府为推动经济高速发展，以低于最低价格标准的工业用地出让价格来换取更多的企业投资；中游地区的工业用地市场化程度值在 1 上下摆动，表明其工业用地多以最低成本出让，但在 2013 年之后呈现大幅增长趋势，其值在 2015 年超过下游地区达到最高点，为 1.39，中游地区矿产资源丰富，工业带动经济趋势向好，企业的集聚使工业用地相对稀缺，导致工业用地出让正向竞价激烈，降低了工业用地市场化配置行为；下游地区工业用地市场化程度较弱，其值在 0.85~1.35 波动，下游地区经济发展水平较高，地方政府财政压力小，产业层次较高，当地经济发展更多依靠于第三产业，以低于成本价格出让工业用地来吸引投资发展经济的动力小，故地方工业用地市场化程度较低（见图 5-1）。

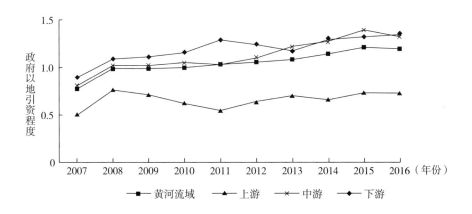

图 5-1 2007~2016 年黄河流域地方政府工业用地市场化程度的演变趋势

5.2.2 工业绿色经济效率的时空演变

2007~2016 年黄河流域工业绿色经济效率如图 5-2 所示。黄河流域整体的工业绿色经济效率呈现上升趋势，其值在 0.30~0.45 波动。2012 年前的高速发展导致资源消耗大、环境污染严重、生态系统退化等问题，使黄河流域的工业绿色经济效率出现回落的趋势。2014 年提出经济"新常态"后，发展方式逐步转向遵循经济规律和生态规律的可持续绿色发展，使整体趋势再度回升。

2007~2016 年，黄河流域上游地区的工业绿色经济效率值在 0.15~0.30 波动，呈现逐渐走低的趋势，上游地区处于西北内陆，产业布局相对不合理，技术水平较低，当地政府为谋求发展忽略了环境保护，使工业用地投入量大而工业产出效能低，存在粗放型和污染性的发展，使工业绿色经济效率低下；中游地区的工业绿色经济效率在 0.24 ~ 0.36 波动，较上游地区略有提升，中游地区虽矿产资源丰富，但通过资源开采而实现的要素驱动无法可持续发展，使其仍处于较低的效率状态；下游地区的工业绿色经济效率值在 0.40 ~ 0.65 波动，明显高于黄河流域整体及上中游地区的工业绿色经济效率，黄河下游位于中国东部地区，城市的经济发展、技术创新及产业布局都具有比较优势，企业集聚效应明显，能够显著降低工业用地成本，且对工业废弃物排放的治理较为重视和高效，所以其工业绿色经济效率呈现显著上升趋势（见图 5-2）。

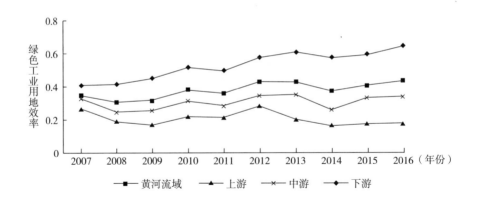

图 5-2　2007 ~ 2016 年黄河流域工业绿色经济效率的演变趋势

5.3　工业用地市场化对工业绿色经济效率的影响

5.3.1　空间相关性检验

使用 Moran's I 指数分析黄河流域工业绿色经济效率的空间相关特征，如

表 5-2 所示。2007~2016 年，黄河流域工业绿色经济效率的 Moran's I 指数在 1% 的显著性水平上显著为正，说明其存在显著的空间相关性，每个地区的工业绿色经济效率都受到相邻地区的影响。研究期内工业绿色经济效率的 Moran's I 指数值呈现上升的波动趋势，表明地区间工业绿色经济效率的相互影响作用增加。

表 5-2　黄河流域工业绿色经济效率 Moran's I 指数

年份	I 值	Z 值	P 值	年份	I 值	Z 值	P 值
2007	0.043***	2.939	0.002	2012	0.058***	3.692	0.000
2008	0.088***	5.321	0.000	2013	0.119***	6.823	0.000
2009	0.087***	5.265	0.000	2014	0.140***	7.967	0.000
2010	0.074***	4.511	0.000	2015	0.094***	5.569	0.000
2011	0.088***	5.275	0.000	2016	0.112***	6.449	0.000

注：***表示在 1% 的显著性水平上显著。

利用 2007 年、2010 年、2013 年和 2016 年黄河流域各城市的工业绿色经济效率绘制 Moran's I 散点图，如图 5-3 所示。Moran's I 散点图的时间序列改变并没有造成城市所处位置的较大变化，表明黄河流域的绿色工业用地效率存在较为稳定的空间相关性。其中，较多城市处于第三象限低值集聚区，表明工业绿色经济效率低的城市与工业绿色经济效率低的城市集聚，这些城市主要位于上游和中游地区，虽然有西部大开发等政策扶持，但由于中游、上游地区多是高耗能、高污染的工业，环境污染和生态破坏问题严重，使工业绿色经济效率低下；第一象限高值集聚区的城市多位于下游地区，在相对较高的经济发展水平、完善的环境保护措施下，这些城市及周边城市的工业绿色经济效率都处于较高水平；较少城市分布在第二象限低值异质区，即本城市工业绿色经济效率较低，周边城市工业绿色经济效率值较高，自身所接受的带动效应较小，工业绿色经济效率在未来有较大的提升空间。

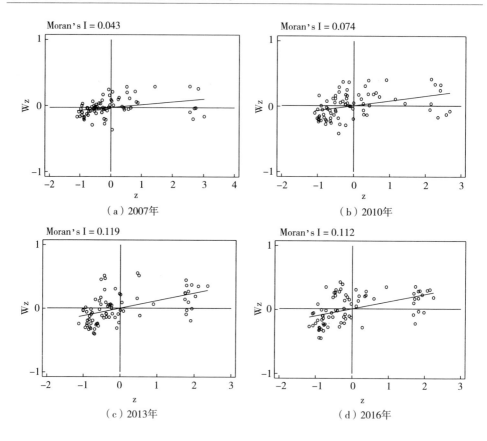

图 5-3　黄河流域各城市工业绿色经济效率 Moran's I 散点图

5.3.2　基准回归结果

由以上分析可知，黄河流域的工业绿色经济效率存在显著的空间自相关性，可进行空间计量检验。根据 Elhorst（2014）的实证研究，首先进行 Lagrange Multiplier（LM）检验，其中 LM-lag 值为 14.593，LM-error 值为 36.539，均显著，无法选择空间滞后模型还是空间误差模型；进一步比较稳健形式 Robust LM-lag 和 Robust LM-error，其值分别为 11.460 与 33.403，均在 1% 的显著性水平上显著，因此选用 SDM 模型作为研究起点。之后进行固定效应与随机效应的选择判断，Hausman 检验的统计值为 33.970，显著为正，说明拒绝采用随机效应的

原假设，使用 Likelihood Ratio（LR）检验确定固定效应类型，其结果显示模型
的时间固定效应显著，而空间固定效应不显著，说明应使用时间固定效应的
SDM 模型进行研究。最后，结合 Wald 检验，以确认 SDM 模型是否可以简化为
空间滞后模型或空间误差模型，其值分别为 26.640 与 25.940，均显著拒绝可
简化的原假设。黄河流域城市的工业绿色经济效率的时间固定效应 SDM 模型
的检验结果如表 5-3 所示。

表 5-3　时间固定效应 SDM 模型检验结果

变量	时间固定效应杜宾模型	直接效应	间接效应	总效应
MIL	0.187 ***	0.189 ***	−0.061 ***	0.129 ***
	(0.041)	(0.042)	(0.020)	(0.029)
lnpgdp	0.112 ***	0.112 ***	−0.036 ***	0.077 ***
	(0.023)	(0.022)	(0.011)	(0.017)
hj	42.850 ***	43.310 ***	−13.840 ***	29.460 ***
	(4.091)	(4.145)	(3.727)	(3.311)
gj	−0.038	−0.037	0.011	−0.026
	(0.047)	(0.050)	(0.016)	(0.035)
qj	0.003 ***	0.003 ***	−0.001 **	0.002 ***
	(0.001)	(0.001)	(0.001)	(0.001)
nzs	−0.936 ***	−0.926 ***	0.296 ***	−0.630 ***
	(0.179)	(0.177)	(0.093)	(0.127)
fg	0.001 *	0.001 *	−0.012 ***	−0.011 ***
	(0.003)	(0.004)	(0.003)	(0.003)
lfc	0.244 ***	0.243 ***	−0.076 ***	0.167 ***
	(0.069)	(0.070)	(0.029)	(0.052)
WMIL	−0.026 **			
	(0.011)			
Wle	−0.464 ***			
	(0.148)			
R²	0.514			

注：*、**和***分别表示 P 值在 10%、5%和 1%的显著性水平上显著，括号中的值为标准差。限
于篇幅，仅提供因变量及核心自变量的空间滞后项检验结果。

　　从时间固定效应的空间杜宾模型来看，空间滞后项 Wle_{it} 的系数 ρ 在 1%的显
著性水平上显著为负，表明黄河流域的工业绿色经济效率存在负向溢出效应。

$WMIL_{it}$ 的空间滞后项系数 θ 在5%的显著性水平上显著为负，表明相邻地区的工业用地市场化程度越弱，则本地区的工业绿色经济效率水平越高（见表5-3）。

（1）直接效应的回归结果

对于解释变量，工业用地市场化程度系数在1%的显著性水平上显著为正，表明工业用地市场化程度的提升能有效促进工业绿色经济效率的提升。通过市场化竞争出让显现工业用地的资源价值，实现正向的竞争性定价，促进工业用地集约利用，使工业绿色经济效率达到较高水平（见表5-3）。

对于控制变量，经济发展水平对工业绿色经济效率的作用在1%的显著性水平上显著为正，表明经济发展水平越高的地区其工业绿色经济效率越高，人们对美好生活的追求使之对生态环境有更高的质量要求，完善的基础设施和治污排污能力直接促进工业绿色经济效率的提高。工业行业集聚程度与工业企业聚集程度对黄河流域工业绿色经济效率都呈现显著的正向关系，表明工业行业的聚集会增加各企业间的信息交流与分工合作，加强中间产品、能源与污染物的循环利用，促进循环经济发展，进而提高工业绿色经济效率。另外，当内资工业企业占比较大时，黄河流域的工业能源消耗及污染排放越多，因为内资企业相对外资企业来说缺乏完善的节能与排污技术（王奇、汪清，2013），对城市的工业绿色经济效率呈现显著的负向影响。同时，环境规制对工业绿色经济效率的影响显著为正，政府以地引资引入的投资项目大多劣质，会恶化当地环境，而政府对环境规制的重视会显著降低当地的环境污染程度（卢建新等，2017）。工业用地供给程度对工业绿色经济效率作用有限，应加大对工业用地的集约利用，提高资本和技术的投入（饶映雪、戴德艺，2016），促进工业绿色经济效率的提升。房地产价格对工业绿色经济效率影响显著且正相关，房地产价格体现当地对住宅用地的需求，房价升高意味着政府会增加住宅用地的出让以获得更多财政收入，相对而言减少工业用地的供给量，促进当地企业对工业用地的集约利用，提高工业绿色经济效率（见表5-3）。

（2）间接效应的回归结果

对于解释变量，工业用地市场化程度与工业绿色经济效率呈现显著的负向关系，表明工业用地市场化程度提升会对相邻地区工业绿色经济效率产生较强的抑制作用，原因是以地引资往往吸引来的是质量较差的项目投资，会引发损害社会福利的底线竞争（杨其静等，2014），反而让相邻地区的工业用地拥有较大竞争力，但随着工业用地出让逐渐趋于市场化，减弱了这种竞争力，进而呈现对相邻地区工业绿色经济效率的抑制作用，体现出黄河流域工业用地利用中存在的竞争关系（见表5-3）。

对于控制变量，黄河流域地区的经济发展水平、工业行业集聚程度与工业企业聚集程度对黄河流域相邻地区的工业绿色经济效率都有负向的影响，表明工业集聚意味着产生更多的污染物，使相邻地区的生态环境遭到破坏，从而抑制当地的工业绿色经济效率。内资工业企业占比则呈现显著的正向影响，当本地区内资企业的环境污染相对严重时，会促使相邻地区重视环境保护，制定严格的环境管制手段，促进工业绿色经济效率提高，但本地区的环境规制加强时，则会使高污染的工业企业流向相邻地区，产生负向的空间外溢效应。房地产价格与相邻地区的工业绿色经济效率显著负相关，其原因是随着住宅用地价格升高，工业用地供给量的减少会促使工业企业向相邻地区搬迁，增加相邻地区的环境负担，降低工业绿色经济效率（见表5-3）。

5.3.3 稳健性检验

（1）替换核心变量

参考杨其静等（2014）的研究，采用工业用地协议出让面积与工业用地出让总面积的比值来衡量工业用地市场化程度。结果表明地方工业用地市场化程度对工业绿色经济效率有负向作用，即政府以地引资程度越高，地区工业绿色经济效率水平越低。

（2）修改空间权重矩阵

由于空间相关性不仅表现在地理空间距离上，还基于各城市间经济发展水平的差异，设置地理经济距离空间权重矩阵 W_{ij}，其为 i 城市与 j 城市最短公路距离的倒数与 i 城市人均 GDP 年均值占所有城市人均 GDP 年均值比重的乘积。结果证实考虑到各地区经济发展水平的差异性,黄河流域工业用地市场化程度提升仍然会促进工业绿色经济效率增长。

5.4 异质性和中介机制研究结果

5.4.1 区域异质性检验结果

黄河流域的经济社会发展并不均衡,生态环境和经济条件有较大差异,需检验不同区域的工业用地市场化程度对工业绿色经济效率的空间异质效应。结果如表5-4所示。

表5-4 黄河流域上中下游地区 SDM 模型检验结果

变量	黄河上游			黄河中游			黄河下游		
	直接效应	间接效应	总效应	直接效应	间接效应	总效应	直接效应	间接效应	总效应
MIL	0.122*	−0.318	−0.196	0.131***	−0.030	0.102***	0.077*	0.594**	0.671***
	(0.063)	(0.246)	(0.268)	(0.034)	(0.021)	(0.033)	(0.041)	(0.243)	(0.252)
控制变量	控制	控制	控制	控制	控制	控制	控制	控制	控制
观测值数	180	180	180	270	270	270	340	340	340
R^2	0.486	0.486	0.486	0.241	0.241	0.241	0.240	0.240	0.240

注: *、** 和 *** 分别表示 P 值在 10%、5% 和 1% 的显著性水平上显著,括号中的值为标准差。

黄河流域中游和上游地区工业用地市场化程度对本地区的工业绿色经济效率存在显著影响,对周边地区无空间溢出效应,表明工业用地市场化程度的提升只对本地区的工业绿色经济效率有显著的促进作用,其原因是黄河流域的中游和上游地区的工业用地多是以地引资性质的出让,其工业用地利用多处于低效率状态,自然资源较丰富,但因资源开采导致生态环境恶化,环境规制手段尚且薄弱,所以工业用地市场化程度的提升虽然促进了本地区工业经济发展,但对周边城市作用有限。下游地区工业用地市场化程度的提升则不仅会提升本地区工业绿色经济效率,对周边地区工业绿色经济效率的正向溢出效应也尤为显著,下游地区经济发展水平较高,用地竞争激烈,促使工业用地流向边际产出率较高的企业;同时地方政府以地引资压力小,更加注重工业用地的集约利用与生态环境保护,对本地区与相邻地区的工业绿色经济效率都有正向的促进作用。

5.4.2 中介机制检验结果

参考邵帅等(2019a)对中介机制检验的思路,结合 SDM 模型,检验工业用地市场化程度(MIL)是否通过中介变量产业结构(ec)对工业绿色经济效率(le)产生影响。其中,产业结构使用第二产业生产总值与地区生产总值的比值表征,5.1.2 节使用的控制变量作为中介变量模型的控制变量。具体检验思路为:首先,将工业用地市场化程度对工业绿色经济效率进行 SDM 模型的回归,即使用式(5-2);其次,构建中介效应检验模型如下:

$$ec_{it} = \eta_0 + \eta_1 MIL_{it} + \gamma X_{it} + \pi_1 Wec_{it} + \pi_2 WMIL_{it} + \sigma WX_{it} + \nu_{it} \qquad (5-3)$$

$$le_{it} = \omega_0 + \omega_1 MIL_{it} + \omega_2 ec_{it} + \kappa_i X_{it} + \tau_1 Wle_{it} + \tau_2 WMIL_{it} + \tau_3 Wec_{it} + \lambda WX_{it} + \varepsilon_{it} \qquad (5-4)$$

式(5-3)考察解释变量工业用地市场化程度是否会影响中介变量产业结构,若参数向量 η_1 显著,则需检验工业用地市场化程度是否通过产业结构影响被解释变量工业绿色经济效率。式(5-4)中同时加入解释变量和中介变量,检验其对工业绿色经济效率的影响,如果系数 ω_1 显著,且系数值小于 α,则表明产业结构存在部分中介效应;若参数估计值 ω_1 不显著,则表明存在完全中介效应。检验结果如表 5-5 所示。

表 5-5 产业结构影响工业绿色经济效率的中介效应检验

变量	黄河流域		黄河上游		黄河中游		黄河下游	
	ec	le	ec	le	ec	le	ec	le
MIL	1.506 **	0.078 ***	0.420 *	0.005	1.987 *	0.124 ***	0.239	0.074 *
	(0.663)	(0.020)	(1.309)	(0.039)	(1.147)	(0.033)	(1.043)	(0.041)

变量	黄河流域		黄河上游		黄河中游		黄河下游	
	ec	le	ec	le	ec	le	ec	le
ec		0.005*** (0.001)		0.011*** (0.002)		0.003** (0.002)		0.004*** (0.002)
控制变量	控制	控制	控制	控制	控制	控制	控制	控制
R^2	0.461	0.349	0.785	0.241	0.345	0.242	0.459	0.326

注：*、**和***分别表示 P 值在 10%、5%和 1%的显著性水平上显著，括号中的值为标准差。

由表 5-5 可知，黄河流域工业用地市场化程度对产业结构的估计系数显著为正，表明随着工业用地市场化程度的提升，即随着工业用地市场化改革，产业结构也会发生相应变化。从黄河流域整体来看，加入中介变量产业结构后，其与工业用地市场化程度均对黄河流域整体工业绿色经济效率有正向影响，且工业用地市场化程度的系数值小于表 5-3 中的系数值（从 0.187 降至 0.078），表明产业结构对工业绿色经济效率有部分中介效应，以工业为主的产业结构对经济发展与工业绿色经济效率均有促进作用。

上游地区的工业用地市场化程度对工业绿色经济效率影响不显著，但中介变量产业结构影响显著且为正，表明存在完全中介效应。中游地区的产业结构则存在部分中介效应，表明工业用地市场化程度不仅自身会对工业绿色经济效率产生影响，还会通过产业结构的调整对工业绿色经济效率产生促进作用。中游和上游地区自然资源要素丰裕，是中国重要的能源经济带，因此工业倾向于资源型产业发展，当地的工业用地作为重要生产要素承担着招商引资的任务，通过扩大工业园区，在引资竞争中取得先机。下游地区工业用地市场化程度对产业结构影响并不显著，表明下游地区工业绿色经济效率的提高更多依赖于工业用地市场化的改革与趋向于服务业的产业结构优化，以工业产业为主的产业结构已不能满足黄河流域下游地区的经济发展需求（见表 5-5）。

5.5　本章小结

本章基于超效率 SBM 模型测算黄河流域城市工业绿色经济效率，并对其进行空间相关性检验，运用空间杜宾模型研究工业用地市场化程度对工业绿色经济效率的空间效应，并分析产业结构对工业绿色经济效率的中介效应，研究主要结论为：①黄河流域工业绿色经济效率具有上升的态势，中上游地区的工业绿色经济效率较低，下游地区较高；而工业用地出让在从政府以地引资性质的出让转变为市场化竞争出让，上游地区更多为政府以地引资性质的出让，中游和下游地区倾向于市场化竞争出让。②黄河流域地区工业用地市场化程度提升对本地区的工业绿色经济效率有促进作用，但对相邻地区有抑制作用，表明黄河流域的工业用地出让存在竞争关系；上游和中游地区工业用地市场化程度的提升对本地区的工业绿色经济效率有促进作用，对相邻地区的工业绿色经济效率并无显著影响，下游地区工业用地市场化程度提升对本地区和相邻地区工业绿色经济效率都有正向的影响。③黄河流域工业用地市场化程度会通过中介变量产业结构对工业绿色经济效率产生影响，产业结构对上游和中游地区的工业绿色经济效率有促进作用，但下游地区的产业结构并无中介效应，说明处于不同经济发展阶段和具有不同产业结构的地区，工业用地市场化程度对工业绿色经济效率的影响也不同。

针对结论提出以下政策建议：①要促进黄河流域工业绿色经济效率的整体改善，完善政府的监管制度，实现以要素市场化价格发挥资源配置的特点，提升工业用地市场化竞争出让水平，进而提升工业绿色经济效率，促进经济长期的绿色增长。②要考虑不同区域的实际用地需求，强化黄河流域中游和上游地区工业建设的内生推动力，发展绿色循环的工业产业链，减弱黄河流域地区政府以地引资程度的负向外溢作用，同时为实现生态保护和高质量发展，加大对地方政府关于环境污染等指标的考核；要进一步发展黄河流域中游和上游地区的比较优势，促进中游和上游地区的经济发展，减少高污染、高耗能的企业承接转移。③黄河流域中游和上游地区的工业用地市场化程度相对较低，低价出让工业用地使该地区形成以工业产业为主的产业结构，进而促进了中游和上游区域的经济发展，实现了更高的工业产值。但下游地区的工业用地市场化程度较高，其产业结构也以第三产业为主，工业用地的使用相对中游和上游地区更加绿色环保。因此要调整不同区域的产业发展结构，优化产业空间布局，使生态格局与产业结构呈现相互促进相互补偿的关系，推动区域协同发展，缩小黄河流域中游和上游地区与下游地区的差距，打造东西贯通的绿色工业带，实现绿色可持续发展。

6　工业用地市场化配置
对区域创新能力的影响

2022年1月6日，国务院办公厅发布了《要素市场化配置综合改革试点总体方案》，该方案提出："加快构建新发展格局，充分发挥市场在资源配置中的决定性作用，更好发挥政府作用""全面提高要素协同配置效率""为推动经济社会高质量发展提供强劲动力"。深化土地要素市场化配置改革，土地要素价格由市场决定，有助于改善工业用地价格过度扭曲的问题（崔占峰、辛德嵩，2021）。研究表明大规模出让工业用地、不饱和供给商住用地综合来说不利于城市创新，同时土地财政收入增加可以提高创新资金支持（谢呈阳、胡汉辉，2020），而工业用地市场化减弱了政府"以地引资"的趋势，减少了工业用地补贴，企业通过市场配置使其工业用地成本上升，挤占了企业的研发投入，对企业创新行为和创新绩效可能产生抑制影响。创新是构建新发展格局的关键，更是引领"五位一体"发展的重要引擎，而创新受到经济发展水平、研发投入、产业结构（王俊松等，2017；赵庆，2018）等的影响。那么，在城市群视角下工业用地市场化是否对城市创新水平产生影响？产生的影响方向如何？城市的异质性差异如何？这种影响是否存在空间效应及非线性影响？回答上述问题有助于深入理解工业用地要素市场化的意义，对城市创新赋能经济发展提质增效具有重要的现实意义和实际价值。

6.1 理论分析与研究假设

首先,地方政府为了发展经济低价出让工业用地来招商引资,这就导致政府对工业用地的变相投资补贴(程宇丹等,2020;陶然等,2009;席强敏、梅林,2019),同时造成工业地价过低使各用途土地配置失衡。原国土资源部发布实施的《全国工业用地出让最低价标准》限制了工业用地最低价格,加之在推进要素市场化进程下工业用地价格不断上涨(屠帆等,2017),工业用地价格市场化向好发展,这就相当于降低了政府对工业用地出让的补贴,工业地价的提高加重了企业生产成本。由于企业发展资金有限且获取工业用地消耗企业大部分资金,这就会挤占企业在创新方面的投资,减少了科技投入,从而造成企业创新水平降低。其次,工业用地出让价格市场化主要通过"招拍挂"出让率实现,而有学者研究证明"招拍挂"出让对经济发展效率的促进作用有限,政府干预反而会促进经济增长(王媛、杨广亮,2016),工业用地价格提高后工业用地需求下降,政府招商引资行为受限,企业入驻困难,对于中西部地区来说除价格外没有更好的优势去吸引企业投资建厂,这就降低了该地区的财政收入且阻碍了城市经济增长,城市财政紧张就会减少科研投入、教育投入导致降低了创新水平。最后,工业用地价格上升导致制造业外商投资撤资的行为增加,同时也导致服务业撤资增加,而外商投资量的增加会提高企业申请和获取专利的数量(韩彩珍等,2020),间接提升城市创新水平,工业地价上升阻碍了外资进入并减少了技术支持因而阻碍了企业研发投入,降低了企业创新能力。此外,工业用地市场化即工业地价上升促进产业转移(黄金升等,2017b),然而产业转移虽促进落后地区经济发展促进创新水平提升,但就转出地来说,发达城市产业转移后工业集聚程度减弱,而服务业超前发展造成债务负担抑制了工业企业创新(毕学成等,2019)并降低了转出地城市的创新能力。基于此,本章提出如下假设:

假设 1：工业用地市场化抑制城市创新水平的提升。

上述理论分析表明工业用地市场化抑制城市创新水平的提升，那么工业用地市场化程度提升会降低创新水平的途径分析至关重要，笔者试图寻找可以弱化这种负效应的中介变量，因此从以下两个角度进行机制分析。

一是投资效应。工业用地市场化意味着工业用地出让价格的提高，企业获得土地的机会成本增大，而工业企业的资金有限尤其是对于一些中小企业和效率低下的企业，地价上涨对企业创新投入产生了"挤出效应"：一方面，减少了企业的高新技术项目投资、基建投资，造成企业的创新条件不足、创新环境较差；另一方面，工业地价上涨使政府招商引资的优势下降，政府从引资企业获得税收收入的愿望打破，政府收入减少造成固定资产投资减少。有研究表明，风险投资增加、固定资产投资过高会抑制企业对创新的投资（温军、冯根福，2018；冯科，2016），创新资金匮乏导致企业创新能力下降。此外，企业金融投资会降低企业的创新投入和技术创新产出（段军山、庄旭东，2021），因而工业地价上升而降低投资则会弱化工业用地市场化抑制城市创新水平提升的负作用。

二是工资激励效应。工业用地市场化降低了引资竞争，政府依靠工业用地出让吸引企业投资来获取大量税收的获取收入的行为大大减少，以至于转向高额出让商住用地的方式来获得财政收入，商住用地价格上涨导致房地产价格直线上升，导致城镇生活压力大，劳动力纷纷转移，造成劳动力短缺致使城镇职工工资上涨（赵海益，2017）。此外，工业用地市场化配置促进资本等其他要素市场扭曲程度减弱，使人力资本配置更加完善，政府和企业注重以高工资引进人才，提高了科技人员的工资。学者发现最低工资标准的持续上调有助于促进城市创新能力的提升（张翼等，2020），企业完善的工资保障机制会提升对创新人才的吸引力从而促进创新。工资提高虽加重企业生产成本但可诱导企业创新，通过引进先进技术和高素质人力资本改善了企业要素结构和生产效率，进而提高企业的创新质量和创新数量（李建强等，2020）。因此，工业用地市场化通过推动工资上涨进而弱化对城市创新水平的抑制作用。基于此，本章提出如下假设：

假设 2：工业用地市场化通过投资效应和工资激励效应影响城市创新水平。

假设 2a：工业用地市场化通过降低投资效应弱化了对城市创新水平的负效应。

假设 2b：工业用地市场化通过促进工资提升降低其对城市创新水平的负效应。

6.2 模型设定与变量选取

6.2.1 模型设定

（1）基准模型设定

根据 2007~2019 年五大城市群 107 个地级市的面板数据，研究工业用地市场化对城市创新水平的影响，构建时间个体双固定面板模型如下：

$$innovation_{it} = \beta_0 + \beta_1 MIL_{it} + \lambda_0 X_{it} + \mu_i + \nu_t + \varepsilon_{it} \tag{6-1}$$

其中，下标 i 表示城市，t 表示年份；$innovation$ 表示城市创新水平；MIL 表示工业用地市场化程度；X_{it} 表示控制变量；μ_i 表示个体固定效应；ν_t 表示时间固定效应；ε_{it} 表示随机干扰项。若 β_1 值显著为正，表明工业用地市场化提升了城市创新水平，反之则抑制了城市创新水平的提升。

（2）机制检验模型设定

为检验工业用地市场化程度对城市创新水平的作用机制，借鉴许红梅和李春涛（2020）的方法，加入中介变量与 MIL 的交互项，建立以下模型：

$$innovation_{it} = \beta_0 + \beta_1 MIL_{it} + \beta_2 M_{it} + \beta_3 MIL_{it} \times M_{it} + \lambda X_{it} + \mu_i + \nu_t + \varepsilon_{it} \tag{6-2}$$

其中，M 表示作用机制变量，该变量包括投资效应（$invest$）和激励效应（$wage$），投资效应采用城市固定资产投资取对数衡量，激励效应采用职工平均工资表示；其他变量解释同式（6-1）。

6.2.2 变量选取

核心被解释变量为城市创新水平，从创新数量和创新质量两个方面衡量。其中，创新数量（total）用发明专利、实用型专利和外观设计专利的申请数量总和表示。创新质量借鉴已有研究（金培振等，2019；崔新蕾、刘欢，2022）将其分为三类：①实质性创新（inv）：发明专利更具实质性、创新性，因此采用发明专利申请数量代表实质性创新；②可持续性创新（green）：绿色经济是未来经济发展的基石，能够推动经济高质量发展，采用绿色技术专利申请数量衡量可持续性创新；③协同式创新（iur）：产学研协同创新促使高校、科研机构和企业共同创新，打造从专利到社会生产力的"一站式"创新，采用产学研专利申请数量衡量。所有变量采用专利数量与城镇就业人口总数的比值衡量。

选取的控制变量为：①经济发展水平（econ）：采用城市生产总值与行政区域面积的比值衡量；②城镇化水平（urban）：借鉴邵帅等（2019a）的研究采用夜间灯光数据衡量；③产业结构（ind）：用第二产业占 GDP 的比重衡量；④城市规模（pop）：采用人口密度衡量；⑤财政压力（press）：采用城市当年财政支出减去财政收入的差值衡量；⑥金融发展水平（finance）：采用金融贷款余额与生产总值的比值衡量；⑦对外开放水平（open）：采用外商直接投资与固定资产投资的比值衡量。

6.2.3 研究区域与数据来源

选取 2007~2019 年京津冀、长三角、珠三角、长江中游和成渝五大城市群 107 个地级市为研究样本。城市创新水平的专利申请数量在专利检索分析网站利用检索公式手动收集整理。夜间灯光数据来源于 DMSP_ OLS V4（1992-2013）与 VIIRS_ VNL V2（2012-2020）的合成数据，其他数据来源于历年《中国城市统计年鉴》和各省市统计年鉴和公报，部分缺失值采用均值或线性插值法来补充。变量相关描述性统计如表 6-1 所示。

表 6-1 变量的描述性统计

变量	符号	单位	均值	标准差	最小值	最大值
创新数量	*total*	个/万人	230.100	268.800	3.610	2090
实质性创新	*inv*	个/万人	83.880	113.500	0.800	882.200
可持续性创新	*green*	个/万人	40.160	45.980	0	318
协同式创新	*iur*	个/万人	0.939	1.193	0	9.328
工业用地市场化程度	*MIL*	—	1.117	0.620	0.012	8.018
经济发展水平	*econ*	万元/平方千米	7.063	5.968	0.703	60.06
城镇化水平	*urban*	%	11.770	11.250	1.033	49.540
产业结构	*ind*	%	50.070	9.549	16.160	75.180
城市规模	*pop*	万人/平方千米	0.113	0.0928	0.00690	1.145
财政压力	*press*	亿元	72.020	162.800	−685.900	1682
金融发展水平	*finance*	—	1.201	0.551	0.188	3.655
对外开放水平	*open*	—	12.26	1.724	6.235	15.880

6.3 工业用地市场化配置对区域
创新能力的影响

6.3.1 基准回归结果

采用面板双固定模型对式（6-1）进行回归，结果如表6-2所示，总体表明工业用地市场化程度会阻碍城市创新水平的提升。其中，工业用地市场化程度对创新数量的影响较大，而在创新质量中则对实质性创新的影响较大，对可持续性创新的影响其次，而对产学研协同创新影响并不显著。工业用地市场化水平提高表明地区工业用地出让价格相对最低出让价格上升，地方政府以地引资行为减弱，企业需通过市场竞争来获取所需工业用地，加重了企业的生产成本、挤占了技术支出从而阻碍了城市创新水平的提高。而我国产学研协同创新起步较晚，市场化配置对其影响较弱。

在控制变量方面，经济发展水平、城镇化水平、产业结构、城市规模、财政压力和金融发展水平对城市创新水平影响基本显著。经济发展水平越高越能显著提升城市创新能力；城镇化水平高表明城市包容性更强、城市建设更完善为创新打下良好的基础；工业占比越大表明城市工业化程度越高，工业企业间的良性竞争激励其加快创新发展，进而提升城市创新水平；城市规模越大越吸引高素质人才，从而产生虹吸效应促进城市创新水平提升；财政压力越大的城市对于创新的支持力度就越小，抑制了城市创新水平的提升；创新产品往往伴随经济性，金融发展水平越高越有利于企业融资，加强对创新的支持力度；而对外开放在研究期内并未显示出对创新的促进作用（见表6-2）。

表6-2　基准回归结果

变量	total		inv		green		iur	
MIL	-23.967***	-22.027**	-17.866***	-16.875***	-6.259***	-5.601**	-0.050	-0.086
	(-2.853)	(-1.999)	(-3.578)	(-2.791)	(-3.375)	(-2.432)	(-0.970)	(-1.631)
econ		6.676		1.910**		1.291*		0.020
		(1.405)		(2.437)		(1.931)		(1.438)
urban		28.747***		14.864***		5.475***		0.109***
		(2.945)		(3.943)		(3.355)		(3.207)
ind		3.472*		1.972		0.774		0.002
		(1.674)		(1.399)		(1.583)		(0.316)
pop		156.443*		78.178*		26.622		-1.046**
		(1.677)		(1.901)		(1.615)		(-2.389)
press		-0.155***		-0.062***		-0.033***		0.001
		(-4.144)		(-3.299)		(-5.682)		(0.595)
finance		80.805**		29.789*		13.898**		0.003
		(2.571)		(1.864)		(2.402)		(0.030)
open		70.445		23.038		33.792		-0.864
		(0.283)		(0.220)		(0.977)		(-0.850)
constant	64.122**	-5.302***	27.530***	-2.702***	11.366***	-1.102***	0.289***	-0.738
	(3.951)	(-3.214)	(4.735)	(-2.887)	(4.681)	(-3.168)	(3.306)	(-1.400)
N	1391	1391	1391	1391	1391	1391	1391	1391
R²	0.435	0.500	0.361	0.437	0.467	0.540	0.355	0.400

注：*、**和***分别表示P值在10%、5%和1%的显著性水平上显著，括号中的值为稳健标准误下的t值。

6.3.2 稳健性检验

(1) 解释变量滞后一期检验结果

工业用地市场化程度使用工业用地实际出让价格与最低出让价格的比值表征,因而工业用地市场化直接影响企业的生产成本。在获得工业用地后企业需要时间来将其转化为生产力,工业用地市场化对创新的影响存在一个时滞性,因此将解释变量滞后一期考察前一期工业用地市场化程度对城市创新水平的影响,回归结果如表6-3所示。结果显示,工业用地市场化仍抑制城市创新水平的提升,再次支持假设1的观点。

表6-3 被解释变量滞后一期检验结果

变量	total		inv		green		iur	
MIL	−16.470**	−24.501**	−13.296***	−16.576***	−4.571***	−5.947***	−0.035	−0.072
	(−2.085)	(−2.382)	(−3.141)	(−3.212)	(−2.863)	(−2.757)	(−0.861)	(−1.502)
constant	68.287***	−5.202***	28.155***	−2.602***	12.410***	−1.102***	0.366***	−0.913*
	(3.852)	(−3.240)	(4.471)	(−2.798)	(4.605)	(−3.142)	(5.450)	(−1.764)
controls	NO	YES	NO	YES	NO	YES	NO	YES
N	1284	1284	1284	1284	1284	1284	1284	1284
R^2	0.414	0.473	0.340	0.407	0.445	0.511	0.336	0.379

注:*、**和***分别表示P值在10%、5%和1%的显著性水平下显著,括号中的值为稳健标准误下的t值。

(2) 更换系统GMM方法回归检验结果

为防止模型设定偏误和模型本身存在的内生性问题,将被解释变量的滞后项纳入回归模型,并采用系统GMM方法进行回归,构建的动态面板回归模型如下:

$$innovation_{it} = \alpha + \rho innovation_{it-1} + \gamma MIL_{it} + \lambda_1 X_{it} + \mu_{i1} + \nu_{t1} + \varepsilon_{it1} \qquad (6-3)$$

其中,$innovation_{it-1}$ 表示城市创新水平的滞后一期,其他变量解释同式(6-1),回归结果如表6-4所示。GMM估计结果显示无二阶序列相关性并且Hansen值不显著,表明系统GMM工具变量选择合适、有效。工业用地市场化系数基本显著为负,再次证明工业用地市场化对创新数量和创新质量的负效用,阻碍城市创新驱动发展。同时创新的滞后一期（*L.total*）对创新的影响显著为正，表明创新具有路径依赖作用，创新一旦形成并发展就会延续下去，表明了创新的可持续性。

表 6-4 SYS-GMM 回归结果

变量	*total*	*inv*	*green*	*iur*
L.total	0.415***			
	(3.743)			
L.inv		0.128**		
		(2.179)		
L.green			0.177**	
			(2.540)	
L.iur				0.129
				(1.189)
MIL	−38.908***	−28.622**	−9.817**	0.025
	(−2.764)	(−2.129)	(−2.083)	(0.320)
econ	9.895**	2.644*	1.664**	0.057*
	(2.456)	(1.927)	(2.466)	(1.687)
urban	14.109*	10.285**	2.964	0.142
	(1.657)	(2.470)	(1.616)	(1.307)
ind	1.617	0.612	−0.233	0.010
	(0.534)	(0.422)	(−0.399)	(0.295)
pop	105.978	23.957	38.387	0.620
	(0.370)	(0.273)	(1.069)	(0.279)
press	−0.068	−0.051**	−0.024***	−0.0002
	(−1.089)	(−2.522)	(−2.599)	(−0.864)
finance	2.123	18.923*	1.269	−0.122
	(0.088)	(1.828)	(0.336)	(−0.471)
open	53.557	−2.3e+02	−30.408	4.694
	(0.111)	(−0.704)	(−0.198)	(0.416)
constant	−1.402	−1.102	10.766	−1.293
	(−0.450)	(−0.712)	(0.138)	(−0.611)
N	1284	1284	1284	1284
R^2	0.435	0.450	0.361	0.437
AR（2）-P	0.504	0.746	0.482	0.579
Hansen-P	1.000	1.000	1.000	1.000

注：*、**和***分别表示 P 值在 10%、5% 和 1% 的显著性水平上显著，括号中的值为稳健标准误下的 t 值。

（3）更换被解释变量检验结果

为使回归结果更加严谨科学，更换两种城市创新水平的衡量方式。一是因科技支出代表一座城市的创新意愿和创新能力，所以采用城市的科技支出占比（teco）来衡量城市创新水平；二是从北京大学企业大数据研究中心获得区域创新创业指数，采用总量指数得分（score）衡量城市创新水平，结果如表6-5所示。其中，工业用地市场化程度系数值显著为负，再次表明工业用地市场化对城市创新水平有抑制作用。

表6-5　更换被解释变量回归结果

变量	teco		score	
L. MIL	−0.204 **	−0.290 ***		
	(−2.512)	(−3.559)		
MIL			−1.588 *	−1.519 *
			(−1.736)	(−1.718)
constant	1.709 ***	1.035	63.826 ***	68.799 ***
	(10.140)	(1.352)	(54.424)	(15.464)
controls	NO	YES	NO	YES
N	1284	1284	1391	1391
R^2	0.238	0.288	0.735	0.736

注：*、** 和 *** 分别表示 P 值在 10%、5% 和 1% 的显著性水平上显著，括号中的值为稳健标准误下的 t 值。

（4）调整子样本结果检验结果

因直辖市和省会城市是全国创新集中地，其创新水平较高且受工业地价上升的影响较弱，所以剔除这些城市再进行回归更能准确了解工业用地市场化对城市创新水平的真实影响，回归结果如表6-6所示。结果表明，工业用地市场化阻碍了创新数量和创新质量的提升且回归系数值基本大于基准回归结果，表明除直辖市和省会城市外的其他地级市创新水平受工业地价提高的影响更大。

表6-6　调整子样本回归结果

变量	total		inv		green		iur	
MIL	−23.869 **	−26.157 *	−19.529 ***	−19.490 ***	−6.417 ***	−6.461 **	−0.110 ***	−0.124 **
	(−2.542)	(−1.966)	(−3.593)	(−2.634)	(−3.197)	(−2.265)	(−2.680)	(−2.207)

续表

变量	*total*		*inv*		*green*		*iur*	
constant	61.993***	−5.602***	26.838***	−2.802***	10.855***	−1.102***	0.260***	−0.556
	(3.248)	(−3.203)	(3.976)	(−2.733)	(3.826)	(−3.104)	(3.534)	(−1.166)
controls	NO	YES	NO	YES	NO	YES	NO	YES
N	1222	1222	1222	1222	1222	1222	1222	1222
R^2	0.433	0.508	0.353	0.440	0.462	0.545	0.322	0.358

注：*、**和***分别表示 P 值在 10%、5%和 1%的显著性水平上显著，括号中的值为稳健标准误下的 t 值。

6.3.3 异质性检验

（1）城市群异质性检验结果

研究样本为五大城市群的 107 个地级市，而各城市群的发展定位不同，城市群的经济发展水平和创新实力也有差别，所以按照不同城市群研究工业用地市场化对城市创新水平的影响，回归结果如表 6-7 和表 6-8 所示。因为五大城市群的主要异质性体现在创新质量中的实质性创新上，所以表中只展现城市群的实质性创新的不同，结果表明工业用地市场化显著促进京津冀城市群的实质性创新，基本显著抑制长三角和珠三角城市群的实质性创新，而对长江中游和成渝城市群的实质性创新的促进作用不显著。京津冀、长三角和珠三角作为我国传统经济带城市群其经济处于领先地位，而北京作为首都引领全国创新，在工业地价上涨回归正常的价值时倒逼京津冀城市群城市的创新能力提升，以高技术代替资本成本的上升，同时也表明工业用地市场化使要素配置更加合理有效，在一定程度上会提高城市创新水平；而长三角和珠三角的城市服务业发展迅速，商业和住宅用地出让较多且价格相对较高，又因为深圳等城市工业地价上涨幅度过高挤占企业资金使城市创新受阻。

表 6-7 城市群异质性检验（一）

变量	京津冀		长三角		珠三角	
MIL	5.993*	4.273*	−31.997*	−31.140	−9.363**	−6.001**
	(1.948)	(1.901)	(−1.789)	(−1.668)	(−2.416)	(−2.782)

变量	京津冀		长三角		珠三角	
constant	7. 429	−11. 834	46. 471 **	−4. 3e+02 **	38. 163 ***	−1. 7e+02
	(1. 269)	(−0. 478)	(2. 351)	(−2. 386)	(7. 429)	(−0. 658)
controls	NO	YES	NO	YES	NO	YES
N	169	169	533	533	117	117
R^2	0. 752	0. 806	0. 506	0. 573	0. 495	0. 683

注：*、**和***分别表示 P 值在 10%、5%和 1%的显著性水平上显著，括号中的值为稳健标准误下的 t 值。

表 6-8　城市群异质性检验（二）

变量	长江中游		成渝	
MIL	10. 525	11. 564	8. 733	9. 196
	(1. 115)	(1. 171)	(1. 141)	(1. 170)
constant	0. 775	−4. 944	1. 823	−37. 994
	(0. 091)	(−0. 101)	(0. 249)	(−1. 251)
controls	NO	YES	NO	YES
N	364	364	572	572
R^2	0. 587	0. 604	0. 552	0. 563

注：*、**和***分别表示 P 值在 10%、5%和 1%的显著性水平上显著，括号中的值为稳健标准误下的 t 值。

（2）时间异质性检验结果

2012 年，党的十八大明确提出"实施创新驱动发展战略"，创新开始受到重视，在此之前城市的创新意识较淡薄，因此以 2012 年为界限将样本划分为 2012 年前和 2012 年及以后两个样本进行异质性分析，回归结果如表 6-9 所示。2012 年前工业用地市场化对城市创新水平的影响不显著，但 2012 年后工业用地市场化对创新质量的阻碍作用显著，说明在正式提出"创新驱动发展战略"后，企业陆续加入创新的行列形成了巨大的行业竞争，这就加重了企业的无形支出，工业地价上升后一些企业失去竞争优势，其资金不足等问题突出，影响了创新产出。创新数量虽然在增长并且不受地价上升影响，但是创新质量堪忧，说明在未来需要提升城市创新质量。

表 6-9 时间异质性检验结果

变量	2012 年前				2012 年及以后			
	total	*inv*	*green*	*iur*	*total*	*inv*	*green*	*iur*
MIL	−9.976	−3.039	−1.631	−0.057	−14.446	−12.566*	−4.905*	−0.083
	(−0.772)	(−0.942)	(−1.011)	(−0.692)	(−1.224)	(−1.889)	(−1.932)	(−1.301)
constant	−2.0e+02	−35.842	−0.315	0.914	−3.3e+02**	−1.3e+02*	−74.902***	−0.958
	(−1.027)	(−0.759)	(−0.014)	(1.183)	(−2.203)	(−1.909)	(−2.890)	(−1.329)
controls	YES	YES	YES	YES	YES	YES	YES	YES
N	535	535	535	535	856	856	856	856
R^2	0.371	0.386	0.395	0.237	0.372	0.272	0.423	0.280

注：*、** 和 *** 分别表示 P 值在 10%、5% 和 1% 的显著性水平上显著，括号中的值为稳健标准误下的 t 值。

（3）创新环境异质性检验结果

城市的创新受人力资本的影响，科研人员较多且质量较高的城市往往创新产出质量较高且受外界影响较小，因此根据城市是否存在"双一流"高校将样本划分为创新环境较好城市和创新环境较差城市，回归结果如表 6-10 所示。结果表明，创新环境较好城市的创新水平不受工业地价上升影响，而创新环境较差城市的创新水平受工业地价上升影响较大，工业用地市场化会阻碍城市创新。而工业溢价率越高即政府对土地补贴较少使企业失去资金支持，又因为创新环境较差城市缺乏人力资本、缺少高新技术支持，影响企业科研支出从而降低了城市创新水平。

表 6-10 创新环境异质性检验结果

变量	创新环境较好				创新环境较差			
	total	*inv*	*green*	*iur*	*total*	*inv*	*green*	*iur*
MIL	2.318	−1.491	−1.892	0.283**	−29.155**	−20.094**	−6.652**	−0.102**
	(0.135)	(−0.202)	(−0.671)	(2.551)	(−2.122)	(−2.568)	(−2.234)	(−2.112)
constant	−2.8e+02	−87.528	−47.196	−1.607	−5.602***	−2.802***	−1.102***	−0.575
	(−1.176)	(−0.944)	(−1.220)	(−0.549)	(−3.275)	(−2.725)	(−3.044)	(−1.251)
controls	YES	YES	YES	YES	YES	YES	YES	YES
N	221	221	221	221	1170	1170	1170	1170

续表

变量	创新环境较好				创新环境较差			
	total	*inv*	*green*	*iur*	*total*	*inv*	*green*	*iur*
R²	0.526	0.629	0.734	0.656	0.521	0.429	0.530	0.343

注：*、**和***分别表示P值在10%、5%和1%的显著性水平上显著，括号中的值为稳健标准误下的t值。

（4）区域异质性检验结果

我国各区域经济发展水平差异大，而创新是经济发展的第一驱动力，因此各个区域的城市创新水平也有所不同。近年来，南北方经济发展差距逐渐拉大，南方地区经济、劳动力素质普遍较高，而北方经济下行趋势明显、人才流失严重、新旧动能转换乏力（许宪春等，2021），此外工业地价在不同地区存在差异，市场化程度也大不相同，因此工业市场化水平对创新的影响也存在区域差异。对此，将总样本划分为南方和北方分别进行回归，结果如表6-11所示。结果显示，工业用地市场化程度显著提升了北方城市的实质性创新，而对创新数量和可持续性创新的抑制作用不显著，对南方城市的创新质量存在显著的阻碍作用。说明工业用地市场化提高了北方城市工业用地利用效率，虽然地价提升但企业会选择提高技术水平以降低发展成本，使创新能力提高，而南方地区工业地价上涨幅度较大，加之南方服务业发达，工业地价上涨对其创新冲击较大。

表6-11 区域异质性检验结果

变量	北方				南方			
	total	*inv*	*green*	*iur*	*total*	*inv*	*green*	*iur*
MIL	−7.783	4.273*	−2.073	0.162	−12.480	−12.694**	−3.679*	−0.107
	(−0.703)	(1.901)	(−1.284)	(1.595)	(−1.023)	(−2.297)	(−1.706)	(−1.610)
constant	−1.702**	−11.834	−19.623*	−0.094	−5.402***	−2.902***	−1.102***	−0.496
	(−2.689)	(−0.478)	(−1.803)	(−0.091)	(−2.854)	(−2.725)	(−2.882)	(−0.831)
controls	YES	YES	YES	YES	YES	YES	YES	YES
N	169	169	169	169	1222	1222	1222	1222
R²	0.881	0.806	0.906	0.602	0.494	0.454	0.535	0.391

注：*、**和***分别表示P值在10%、5%和1%的显著性水平上显著，括号中的值为稳健标准误下的t值。

6.3.4 中介机制检验结果

表 6-12 和表 6-13 分别展示了两种作用机制回归结果。从投资效应作用机制看，MIL 的系数显著为负，即工业用地市场化对城市创新水平的抑制作用仍成立，$invest$ 系数显著为负，表明固定资产投资抑制创新，交互项 $MIL \times invest$ 的系数显著为正，表明投资越少，工业用地市场化对创新的促进作用越大，说明投资减少能减弱工业用地市场化的负效应。总体而言，工业用地市场化通过降低固定资产投资促进城市创新水平的提高（见表 6-12）。

表 6-12　投资效应作用机制检验结果

变量	total	inv	green	iur
MIL	-51.697***	-24.526***	-9.039***	-0.161**
	(-2.837)	(-3.408)	(-3.209)	(-2.592)
invest	-78.674*	-23.715	-17.305**	-0.535***
	(-1.779)	(-1.294)	(-2.322)	(-2.929)
MIL×invest	43.758**	11.007*	4.408*	0.083
	(2.047)	(1.899)	(1.865)	(1.336)
constant	-5.502***	-2.802***	-1.202***	-1.318**
	(-2.951)	(-2.698)	(-3.210)	(-2.141)
controls	YES	YES	YES	YES
N	1391	1391	1391	1391
R²	0.508	0.440	0.546	0.411

注：*、**和***分别表示 P 值在 10%、5%和 1%的显著性水平上显著，括号中的值为稳健标准误下的 t 值。

从激励效应作用机制看，MIL 的系数仍基本显著为负又一次证明工业用地市场化对创新的阻碍作用。交互项 $MIL \times wage$ 的系数显著为正，表明激励效应越大工业用地市场化对创新的促进作用越明显。说明工资水平越高越能激励创新的提升，工资越低导致科技人员的创新欲望降低，从而使创新产品数量下降、创新质量难以提高。工资的提高能激励科研人员创新，这就需要政府补贴从业人员的工资或从其他方面激励科研人员进行创新活动，这样才能减弱工业用地市场化对创新的负作用（见表6-13）。

表6-13　激励效应作用机制检验结果

变量	total	inv	green	iur
MIL	−76.985***	−32.515***	−11.632***	−0.088
	(−3.716)	(−4.063)	(−3.441)	(−1.325)
wage	27.116	4.004	4.122	0.278***
	(1.520)	(0.624)	(1.422)	(2.992)
MIL×wage	18.143**	5.369***	1.928**	−0.015
	(2.298)	(2.665)	(2.164)	(−0.895)
constant	−2.602	−2.002**	−73.390**	0.311
	(−1.562)	(−2.169)	(−2.177)	(0.531)
controls	YES	YES	YES	YES
N	1391	1391	1391	1391
R²	0.533	0.449	0.554	0.421

注：*、**和***分别表示 P 值在10%、5%和1%的显著性水平上显著，括号中的值为稳健标准误下的 t 值。

6.4　拓展结果分析

6.4.1　空间溢出效应结果

将工业用地市场化程度与城市创新水平纳入空间杜宾模型，进一步考察工业用地市场化程度的空间溢出效应，构建模型如下：

$$innovation_{it} = \rho Winnovation_{it} + \varphi MIL_{it} + \theta WMIL_{it} + \delta WX_{it} + \mu_i + \nu_t + \varepsilon_{it} \qquad (6\text{-}4)$$

其中，W 表示空间权重矩阵；ρ 表示空间自回归系数；φ 表示工业用地市场化估计系数；θ 表示解释变量空间滞后项系数；δ 表示控制变量系数；μ_i 和 ν_t 分别表示个体效应和时间效应；$\varepsilon_{it} = \lambda W\varepsilon_{it} + \gamma_{it}$；$\lambda$ 表示空间误差系数；控制变量解释同式（6-1）。采用两种空间权重矩阵：①0-1邻接矩阵（*W*1）：两个城市相邻为1，否则为0；②地理权重矩阵（*W*2）：两城市间公路距离的倒数。

工业用地市场化程度的 Moran's I 指数显著为正，说明工业用地市场化水平具有显著的空间溢出效应。在模型选择上，LR 和 Wald 检验表明模型不可退化，故选择空间杜宾模型；通过 Hausman 检验选择固定效应模型，最终采用个体和时间双固定的空间杜宾模型，结果如表6-14所示。此外，因创新数量和创新质量中的协同式创新不具备空间性，故不做研究讨论。

表6-14 空间效应结果

变量	*W*1		*W*2	
	inv	*green*	*inv*	*green*
MIL	−11.346**	−2.996*	−9.686**	−2.942*
	（−2.507）	（−1.713）	（−2.191）	（−1.745）
W×MIL	−14.721*	−8.305***	−1.2e+02***	−52.091***
	（−1.847）	（−2.699）	（−4.766）	（−5.560）
直接效应	−13.642***	−4.139**	−15.467***	−5.128***
	（−2.894）	（−2.274）	（−3.364）	（−2.943）
间接效应	−31.064***	−15.236***	−5.6e+02***	−2.1e+02***
	（−2.715）	（−3.443）	（−3.668）	（−4.031）
总效应	−44.706***	−19.375***	−5.8e+02***	−2.2e+02***
	（−3.404）	（−3.813）	（−3.743）	（−4.100）
constant	90.213**	52.645***	185.248**	86.856***
	（2.369）	（3.546）	（2.575）	（3.051）
ρ	0.417***	0.340***	0.775***	0.743***
	（15.377）	（10.476）	（15.795）	（13.956）
controls	YES	YES	YES	YES
N	1391	1391	1391	1391
R²	0.218	0.264	0.263	0.331

注：*、**和***分别表示 P 值在10%、5%和1%的显著性水平上显著，括号中的值为稳健标准误下的 t 值。

空间自回归系数 ρ 显著为正，表明相邻地区的工业用地市场化水平会显著提高当地的工业用地市场化程度。工业用地市场化程度较高意味着以地引资程度弱使低质量企业被迫退出当地市场从而转向相邻地区，这使相邻地区工业用地竞争程度变高，促使该地工业地价上涨进而提高了工业用地市场化程度。从效应分解看，直接效应表明工业用地市场化显著降低城市创新水平，再次验证了基准回归结果；间接效应表明工业用地市场化阻碍相邻城市创新水平的提升，且大于直接效应。工业用地市场化水平越高表明政府补贴土地出让越少，使一些根基薄弱的企业转向相邻地区，这些企业往往具有污染较大、生产力低下、技术水平较低等特征，其创新水平较低，所以本地市场化程度越高，保留的企业经济实力较强对创新的影响较相邻地区较弱。

6.4.2 门槛效应结果

由基准回归结果可知，工业用地市场化对城市创新数量和创新质量产生了显著的线性影响。而由于工业用地市场化对城市创新水平的影响是多方面的，其影响可能会随着工业用地市场化程度处于不同区间而呈现不同的特点，即变量间可能存在非线性关系。对此，采用 Hansen（1999）提出的面板门槛模型对其非线性关系进行检验，构建如下面板门槛模型：

$$innovation_{it} = \alpha_0 + \alpha_1 MIL \cdot I(MIL \leq \tau) + \alpha_2 MIL \cdot I(MIL > \tau) + \lambda_3 X_{it} + \mu_{i3} + \nu_{t3} + \varepsilon_{it3}$$

$$(6-5)$$

其中，$I(\cdot)$ 表示指示函数，满足括号内的条件时取值为 1，否则取值为 0；MIL 表示门槛变量；τ 表示待估门槛值；其他变量解释同式（6-1）。

同时考虑到模型中存在多个门槛值的情形，构建多门槛面板模型：

$$innovation_{it} = \alpha_0 + \alpha_1 MIL \cdot I(MIL \leq \tau_1) + \alpha_2 MIL \cdot I(\tau_1 < MIL \leq \tau_2) +$$

$$\alpha_3 MIL \cdot I(MIL > \tau_2) + \lambda_3 X_{it} + \mu_{i3} + \nu_{t3} + \varepsilon_{it3} \quad (6-6)$$

采用 Bootstrap 方法抽样 500 次检验统计量门槛值是否显著及门槛的个数，检验结果如表 6-15 所示。结果表明，创新数量存在双门槛效应；在创新质量中，可持续性创新也存在双门槛效应，协同式创新存在单门槛效应，而实质性创新不存在门槛效应。

表6-15　门槛效应检验结果

变量	门槛数	F 值	P 值	临界值		
				10%	5%	1%
创新数量	单一门槛	19.54	0.070	17.463	21.245	29.163
	双重门槛	18.89	0.022	13.781	16.772	22.106
可持续性创新	单一门槛	6.37	0.732	18.152	20.984	28.387
	双重门槛	19.01	0.024	12.716	15.046	22.865
协同式创新	单一门槛	14.04	0.086	13.479	16.822	20.937

　　门槛值的估计结果如表6-16所示。创新数量的门槛值分别为1.863、2.755，可持续性创新的门槛值分别为1.862、2.123，协同式创新的门槛值为2.592。

表6-16　门槛值估计结果

变量	门槛数	门槛值	95%置信区间	
创新数量	单一门槛	1.863	1.784	1.871
	双重门槛	2.755	2.642	2.803
可持续性创新	单一门槛	1.862	1.820	1.863
	双重门槛	2.123	2.093	2.129
协同式创新	单一门槛	2.592	2.405	2.594

　　根据不同门槛数进行不同的门槛模型回归，结果如表6-17所示。当门槛变量为 MIL 时，不同的 MIL 取值对城市创新水平的影响存在较大差异。就创新数量而言：当工业用地市场化程度低时（$MIL \leqslant 1.863$），其对城市创新水平的影响显著为负；当工业用地市场化程度较高时（$1.863 < MIL \leqslant 2.755$），系数值显著为正；当工业用地市场化程度更高时（$MIL > 2.755$），系数值显著为负。可持续性创新变化与创新数量趋势相似，随着市场化强度升高对创新的影响呈现负向—正向—负向的趋势。从创新数量和可持续性创新的门槛结果可以看到，工业用地市场化程度较低时不利于创新，由于工业地价较低导致引进的企业质量较低，造成工业发展落后从而降低了创新水平；当工业用地市场化达到一定程度时工业内部

资源配置优化，并提高了工业用地利用效率，使一些贪图便宜的企业退出市场，高质量企业创新的产出量较多、质量较高，同时工业地价上升会倒逼企业进行科技创新来替代资本成本的增加；而当工业地价上涨过高时会造成企业生产成本压力过大、科技投入较少，从而减少创新，但与第一个门槛值相比跨过第二个门槛值的估计系数绝对值较小，表明工业用地市场化程度较高对城市创新的阻碍作用小于市场化水平较低时。协同式创新在工业用地市场化程度较低时促进城市创新水平的提升而跨过门槛值后会抑制城市创新水平的提升，协同式创新的要求较高，产出较难，企业在高成本下难以再出资合作科研机构和高校造成协同式创新水平提升困难。

表 6-17　门槛模型估计结果

变量	total	green	iur
econ	7.968 ***	1.392 ***	0.024 ***
	(5.070)	(4.966)	(3.455)
urban	43.402 ***	8.447 ***	0.159 ***
	(17.072)	(18.639)	(14.021)
ind	0.405	0.124	−0.007 *
	(0.446)	(0.770)	(−1.734)
pop	109.204	5.010	−0.845 **
	(1.262)	(0.328)	(−2.173)
press	−0.077 *	−0.019 ***	0.0002
	(−1.857)	(−2.589)	(1.327)
finance	117.432 ***	22.162 ***	0.148 **
	(7.196)	(7.625)	(2.021)
open	−4.8e+02 ***	−76.630 **	−1.655 **
	(−2.724)	(−2.443)	(−2.099)
$MIL \cdot I \ (MIL \leq 1.863)$	−33.302 *		
	(−1.830)		
$MIL \cdot I \ (1.863 < MIL \leq 2.755)$	32.683 **		
	(2.082)		
$MIL \cdot I \ (MIL > 2.755)$	−27.036 **		
	(−2.452)		
$MIL \cdot I \ (MIL \leq 1.862)$		−5.263 *	
		(−1.720)	

续表

变量	total	green	iur
MIL·I (1.862<MIL≤2.123)		5.886 * (1.944)	
MIL·I (MIL>2.123)		−4.925 *** (−2.587)	
MIL·I (MIL≤2.592)			0.121 * (1.752)
MIL·I (2.592>MIL)			−0.083 * (−1.699)
constant	−4.602 *** (−6.476)	−93.367 *** (−7.400)	−0.914 *** (−2.890)
N	1391	1391	1391
R²	0.457	0.472	0.349

注: *、**和***分别表示 P 值在 10%、5%和 1%的显著性水平上显著,括号中的值为稳健标准误下的 t 值。

6.5 本章小结

　　经济新常态下推进工业用地市场化是资源配置的关键,而创新是提高社会生产力和综合国力的战略支撑,探究工业用地市场化对城市创新水平的影响对于经济高质量发展至关重要。基于我国五大城市群 107 个地级市探究工业用地市场化程度与城市创新水平的关系得出以下结论:①工业用地市场化会降低城市创新水平,既减少了创新数量也降低了创新质量,说明在推进工业用地市场化过程中工业地价上升阻碍了创新投入,经过一系列稳健性检验后结论仍然成立,并验证投资效应和激励效应是工业用地市场化促进创新水平提升的重要路径。②工业用地市场化对创新的异质性表现在不同城市群的异质性、不同时间段的异质性、不同创新环境的异质性和不同区域的异质性,具体而言,工业用地市场化促进京津冀城市群的实质性创新水平提升,降低长三角和珠三角城市群的实质性创新水平;

2012 年前工业用地市场化对创新影响不显著，2012 年后工业用地市场化显著降低了城市实质性创新和可持续性创新水平；对于创新环境质量较差地区，工业用地市场化阻碍城市创新，既减少了创新数量也抑制了创新质量提高；工业用地市场化配置促进北方地区实质性创新提升而降低南方地区实质性创新和可持续性创新水平。③通过拓展分析发现，创新质量中的实质性创新和可持续性创新存在负向空间溢出效应，不仅会降低本地的创新能力而且会使相邻地区创新水平下降。此外，工业用地市场化对创新的影响存在门槛效应，对创新数量和可持续性创新均存在双门槛效应，对协同式创新存在单门槛效应。

根据以上结论，有如下启示和展望：首先，工业用地市场化抑制了城市创新水平的提升，要素市场化和创新均是推动经济高质量发展的重要抓手，两者间的负相关关系表明工业用地要素市场化与创新之间矛盾重重，应继续推进工业用地市场化，不一味地以价格为市场化唯一手段，应根据各地土地供需情况适当分配土地并以市场为准绳使工业用地朝着更加高效、公平迈进，对相邻地区产生正向示范效应。此外，政府对工业用地补贴减少是为了彰显工业用地真实价值，应从其他方面对企业创新予以奖励或补贴，激发企业创新热情，提高研发水平促进城市进行高质量创新，这样创新才具有延续性、才能长久，以至于影响未来我国全局发展。其次，工业用地市场化对城市创新水平的影响在城市间异质性明显，应根据不同城市群的发展定位合理地规划产业发展。在京津冀城市群，应进一步深化工业用地市场化，促进创新能力提升；而在长三角和珠三角城市群，由于其服务业发达，商住用地出让地块逐年增多导致工业用地紧缺、工业用地价格过高，所以应该合理分配不同产业的用地量、优化产业结构，同时政府用主导企业创新，提升企业创新水平以适应经济高质量发展，避免创新受到地价等因素的波动影响。此外，加强人力资本的投资和培训以营造良好的创新环境和氛围，重视创新质量的提高，在未来经济发展中避免质量偏颇产生影响。最后，因工业用地市场化对城市创新的影响存在门槛效应，在一定范围内工业用地市场化促进创新水平提升，所以应该合理有序推进工业用地要素市场化，不能操之过急，使工业用地要素效益最大化，在未来经济发展中工业用地市场化是一个平稳有序的过程。

7 工业用地市场化配置
对减污降碳的影响

在污染防治攻坚战取得阶段性进步的基础上，实现"减污降碳"效应成为"十四五"开局之际生态文明建设和生态环境保护领域的新目标。党的十九届五中全会对实现减污降碳协同效应提出了明确要求，在生态环境的全新治理阶段，减污与降碳必须融为一体，既保证两者在战略上的统筹谋划，又要实现其在战术上的相辅相成。要想使减污降碳效应效果最大化，就需要从根源上解决产业结构转型难题，工业作为推动经济高质量发展的重要基石，分析工业用地市场化对减污降碳效应的影响就尤为重要。随着我国工业用地要素市场化的不断完善，工业发展所带来的产业结构升级和区域布局优化提升了地区经济效益，同时也带来能源利用效率的提升：一方面，产业升级转型降低了工业废气和废水的排放；另一方面，工业企业为响应国家碳减排行动号召，不断进行绿色技术创新来有效降低碳排放量。因此，在我国发展迈向新阶段和新目标的背景下，探讨工业用地市场化与减污降碳效应的关系，为实现工业用地要素市场化配置改革，对有效推动城市经济高质量发展具有重要意义。

7.1 理论分析与研究假设

工业用地市场化的发展是经济水平提高的重要推动力量，而经济高质量发展可以有效地促进减污降碳协同效应。近几年，随着工业用地市场化水平的提升，土地资源要素的作用日益凸显，工业用地市场化主要通过促进企业创新、缓解企业融资约束和优化资源配置来提升企业的全要素生产率，进而实现经济高质量发展的目标（徐升艳、郭行，2021）。在我国迈入经济高质量发展阶段的背景下，减污与降碳方面都取得了阶段性的成就。在减污效应方面，地方政府采取鼓励性政策，直接推动了清洁型企业的技术进步和增加清洁设备投资，推动了清洁生产技术的发展，从技术方面促进了减污效应（范庆泉，2018）。同时，国家通过实施环境规制等约束性政策工具，增加企业生产的环境成本负担，促使企业降低污染排放，提升环境质量（张华、魏晓平，2014）。在降碳效应方面，降低碳排放是稳定经济增长的"突破口"，资源配置和工业结构的优化可以有效地降低碳排放量（原嫄等，2016），促进降碳效应。同时，政府的指导性目标可以对工业排放产生约束性作用，显著降低单位 GDP 的能耗（胡鞍钢等，2010），而增加企业研发补贴能够刺激企业采用清洁技术，从而推动绿色经济发展（王林辉等，2020），从而促进降碳效应。基于此，本章提出如下假设：

假设 1：工业用地市场化程度的提升会推进地区减污降碳效应。

在市场机制的长期作用下，资源的有效配置是产业结构升级的重要基础。工业市场化程度越高的地区，土地资源的配置效率越高（周方伟、杨继东，2020）。资源合理配置会推动产业结构优化升级，加强地区的规模经济效应，形成产业专业化集聚或多样化集聚（韩峰、李玉双，2019），从而推动地区经济发展。同时，工业用地市场化的不断改革和完善也提高了政策的实施效率，更提高了企业的全要素生产率，带动了产业升级转型（徐升艳、郭行，2021），促进减污降碳效应。

在减污效应方面，产业升级可以有效地提高劳动力的边际生产率，减少高污染企业的数量，同时产业集聚形成的规模经济效应可以促使制造业有效地减少碳排放（韩峰、李玉双，2019），促进地区的减污效应。在降碳方面，产业结构优化带来的规模经济效应可以促使生产过程中使用低碳节能生产技术代替高成本、高耗能的资源投入，促进生产环节向低污染、高附加值的两端延伸（刘胜、顾乃华，2015），为地区降碳效应带来积极影响。因此，从污染治理的任何时期来看，产业结构的优化升级对节能减排政策的有效实施都具有重要意义（查建平等，2012）。基于此，本章提出如下假设：

假设2：工业用地市场化会通过促进地区产业结构升级，给减污降碳效应带来正向影响。

工业用地市场化为城市创新带来新的思路和巨大的动力，技术创新可以从根本上提升企业污染防治能力，促进地区减污降碳效应。从微观企业角度来看，土地市场化推动了经济高质量发展的脚步，并且通过促进企业创新和优化资源配置模式，促进了城市经济发展（徐升艳、郭行，2021）；从宏观经济角度来看，工业用地市场化配置的完善不但会带来对创新的需求，也能为创新活动的开展提供场所（谢呈阳、胡汉辉，2020）。而技术创新可以从根本上提升企业污染防治能力，促进地区减污降碳效应。科学技术水平的提升能够有效地推动企业技术的创新，成了企业采用清洁技术的关键驱动力，促进地区的减污效应。地方政府对于科学支出的增加，提升了企业的技术创新能力（邹建军、刘金山，2020），从而降低企业的碳排水平，促进地区降碳效应。同时，中央不断鼓励地方推动保护创新机制，增加企业研发补贴，提升清洁型企业技术水平（张华、魏晓平，2014）。因此，进一步分析工业用地市场化促进城市创新，影响减污降碳效应具有重要意义。基于此，本章提出如下假设：

假设3：工业用地市场化会通过提升城市创新能力，给减污降碳效应带来正向影响。

7.2 研究设计

7.2.1 研究模型确定

（1）基准回归模型

考虑到工业用地市场化存在滞后效应，故将该变量滞后一期引入模型中，考察工业用地市场化程度对减污降碳的影响效应，建立时间与城市个体双固定面板模型如下：

$$CS_{i,t}=\alpha_0+\alpha_1 MIL_{i,t-1}+\lambda control_{i,t}+u_i+b_t+\varepsilon_{i,t} \tag{7-1}$$

其中，$CS_{i,t}$ 表示减污降碳变量，分别用二氧化碳（CO_2）与二氧化硫（SO_2）的排放量衡量；$MIL_{i,t-1}$ 表示 i 城市在 $t-1$ 期的工业用地市场化程度；$control_{i,t}$ 表示城市 i 在第 t 期的控制变量集合；u_i 表示城市个体固定效应；b_t 表示年份固定效应；通过控制上述变量，能够在一定程度上解决工业用地市场化与城市减污降碳效应之间可能存在的随时间变化的同时性问题。$\varepsilon_{i,t}$ 表示随机扰动项；α_0、α_1 和 λ 是模型的待估计参数。

（2）中介机制检验模型

基于理论机制假设，工业用地市场化可以通过产业结构和城市创新能力影响减污降碳效应。为了进一步检验工业用地市场化对减污降碳效应的作用机制，选取中介模型对减污及降碳效应进行传导机制检验，采用逐步回归模型（温忠麟、叶宝娟，2014）进行检验，式（7-2）考察了工业用地市场化对产业结构或创新能力的影响，式（7-3）考察了产业结构或创新水平对地区减污降碳效应的影响。

$$mediator_{i,t}=\beta_0+\beta_1 MIL_{i,t-1}+\eta control_{i,t}+b_t+\varepsilon_{i,t} \tag{7-2}$$

$$CS_{i,t}=\gamma_0+\gamma_1 MIL_{i,t-1}+\gamma_2 mediator_{i,t}+\theta control_{i,t}+b_t+\varepsilon_{i,t} \tag{7-3}$$

其中，$mediator_{i,t}$ 表示中介变量，即产业结构和城市创新能力，其他符号含义同式（7-1）。

式（7-1）~式（7-3）共同构成了中介效应模型。第一步，对式（7-1）进行回归，工业用地市场化对地区减污降碳效应的总效应，若 α_1 显著则进行进一步考察。第二步，对式（7-2）进行回归，如果式（7-2）中 β_1 显著，则工业用地市场化会通过影响产业结构（或创新能力）进而影响减污降碳效应；如果 β_1 不显著，则说明中介效应不显著。第三步，对式（7-3）进行回归，区分部分中介效应与完全中介效应。若 γ_2 显著，则说明产业结构（或创新能力）中介变量的中介效应显著。此时，若 γ_1 显著，则为不完全中介效应，工业用地市场化除了通过影响产业结构（或创新能力）进而影响减污降碳效应外，还会直接或通过其他作用机制间接影响减污降碳效应；若 γ_1 不显著，则为完全中介效应，工业用地市场化只能通过影响产业结构（或创新能力）进而影响减污降碳效应，不存在直接或其他间接作用机制。

7.2.2　研究变量设定

（1）减污降碳效应

被解释变量为减污降碳效应。在考察工业用地市场化对城市环境污染的影响时，考虑到《中国城市统计年鉴》公布了我国城市二氧化硫排放量的相关数据，并且数据缺失值相对较少，故选用城市每万元 GDP 所产生的二氧化硫排放量作为减污效应的衡量指标；降碳效应则采用二氧化碳排放量与地区生产总值的比值进行衡量（孙学涛、张广胜，2021），二氧化碳的排放量利用城市温室气体核算工具 1.0 版本测算地区二氧化碳排放量的数值（韩峰、谢锐，2017）。

（2）控制变量

①地区经济增长（$pgdp$），选择人均 GDP 进行衡量；②投资集聚（ag），采用固定资产投资与行政区面积比值进行衡量；③基础设施水平（$infra$），采用城市道路面积与城市建成区面积比值进行衡量；④政府规模（fis），采用一般财政支出与国内生产总值的比值衡量；⑤环境规制（er），利用省级政府工作报告中

与环境相关词汇出现频数及其比重的方法来度量政府环境治理政策（陈诗一、陈登科，2018），用以衡量地方政府的环境规制力度。为了降低样本数据的异方差程度，减少变量的波动，对所有变量取对数处理。

（3）中介变量

1）产业结构调整（up），选取产业结构升级指数作为衡量指标。为了体现整体产业结构和质量的提升，使用汪伟等（2015）的做法，构建产业结构升级指标：

$$up = \sum_{1}^{3} is_i \times i = is_1 \times 1 + is_2 \times 2 + is_3 \times 3 \tag{7-4}$$

其中，is_i 表示第 i 产业产值占 GDP 总产值的比重。

2）城市创新能力（sci），城市科学支出可以很好地衡量地方政府对城市创新的投入程度（宋准等，2020），使用城市科学支出占 GDP 总产值比重进行衡量。

7.2.3 数据来源

基于 2007~2019 年中国 269 个地级市的面板数据，实证检验工业用地市场化程度对减污降碳效应的影响，各变量数据主要来源于历年《中国城市统计年鉴》。为了保证面板数据的完整性，删除了三亚市、雅安市、毕节市、拉萨市、白银市和吐鲁番市等土地样本数据和环境污染数据缺失严重的城市。部分数据缺失值使用其前后两年的均值进行补全，各变量的描述性统计如表 7-1 所示。

表 7-1　变量的描述性统计

变量	变量符号	最大值	最小值	均值	标准差
二氧化碳相对排放量	CO_2	3.103	-3.705	-0.300	0.786
二氧化硫相对排放量	SO_2	-0.601	-12.717	-5.277	1.564
工业用地市场化程度	MIL	2.082	-4.465	-0.037	0.494
人均 GDP	$pgdp$	12.695	8.327	10.776	0.628
投资集聚	ag	3.044	-5.952	-0.563	1.222

变量	变量符号	最大值	最小值	均值	标准差
基础设施水平	$infra$	0.803	−7.131	−2.086	0.458
政府规模	fis	1.150	−4.585	−1.831	0.547
环境规制	er	3.558	−9.210	−2.877	1.610

7.3 实证分析

7.3.1 基本估计结果

经 hausman 检验之后，选择个体时间双固定面板模型对其进行回归估计，基本结果如表 7-2 所示。未加入控制变量之前，工业用地市场化对减污降碳效应均在 1% 的显著性水平上呈显著的负向关系。当工业用地市场化程度较高时，地区已基本形成了良好的工业产业基础，地方政府通过竞争性出让配置工业用地，地区产业发展会形成规模效应和集聚效应（田文佳等，2019），由此产生的正外部性促进了地区的减污降碳效应。在加入控制变量之后，基准回归结果与之前一致，证明了结果的稳健性。

表 7-2　工业用地市场化与减污降碳效应（基准回归结果）

变量	(1) SO_2	(2) SO_2	(3) CO_2	(4) CO_2
$MIL_{i,t-1}$	−0.099*** (0.028)	−0.076*** (0.025)	−0.074*** (0.024)	−0.072*** (0.024)
$pgdp$		−0.352*** (0.052)		−0.182*** (0.051)
ag		0.175*** (0.022)		−0.005 (0.021)

续表

变量	(1) SO_2	(2) SO_2	(3) CO_2	(4) CO_2
infra		−0.007 (0.025)		−0.044* (0.025)
fis		0.070** (0.028)		0.062** (0.027)
er		0.286*** (0.010)		0.017 (0.010)
constant	−4.231*** (0.034)	0.515 (0.574)	−0.214*** (0.029)	1.686*** (0.535)
city FE	YES	YES	YES	YES
Year FE	YES	YES	YES	YES
Observations	3228	3228	3228	3228
R-squared	0.785	0.836	0.259	0.268

注：*、**和***分别表示在10%、5%和1%的显著性水平上显著；括号内为标准误；表中列（1）和列（3）为未加入控制变量，列（2）和列（4）为加入控制变量。

从控制变量的估计结果发现，地区经济增长（pgdp）会显著抑制 SO_2 和 CO_2 的排放量，说明城市经济增长会促进减污降碳效应；投资集聚（ag）会显著促进 SO_2 的排放量，抑制城市的减污效应，会促进降碳效应但并未通过显著性检验，说明投资集聚在初期并不会给减污降碳效应带来促进作用，反而会因为投资集聚带来的人口集聚抑制减污效应。基础设施水平（infra）在10%的显著性水平上促进降碳效应，其减污效应系数虽为负但并不显著，说明城市基础建设的完善会缓解城市碳排放的压力，但其与城市减污效应之间并没有显著关系。政府规模（fis）对减污系数与降碳系数均在5%的显著性水平上通过了显著性检验，且系数均为正，说明地方政府规模扩大带来经济自由度的增加，对市场的干预程度加强，能源利用效率变低，从而抑制了地区的减污降碳效应。环境规制（er）对减污系数显著为正且在1%的显著性水平上通过了显著性检验，说明政府对环境的管制并没有促进减污效应。政府为了加强对环境污染的管控，制定了较严格的企业排污制度，但其倒逼企业从事环境污染的隐形活动，导致了管控政策的无效性。而降碳效应系数虽然为正但并不显著，说明政府现有的环境规制政策没有对降低碳排放量产生有效的正向作用（见表7-2）。

7.3.2 稳健性检验

（1）更换被解释变量

通过更换核心变量对基准回归结果进行检验。使用水污染与空气污染综合指标（余泳泽等，2018）衡量地区的环境污染程度。$polw$ 表示水污染，采用工业废水排放量与地区生产总值的比值来衡量；$pols$ 表示空气污染，采用工业废气排放量与地区生产总值的比值来衡量。选取 $polw$ 与 $pols$ 两个变量作为减污效应的代理变量进一步分析，回归结果如表7-3所示。

表7-3 替换被解释变量进行稳健性检验

变量	（1） $polw$	（2） $polw$	（3） $pols$	（4） $pols$
$MIL_{i,t-1}$	−0.056** （0.024）	−0.035* （0.021）	−0.099*** （0.028）	−0.077*** （0.025）
$pgdp$		−0.447*** （0.043）		−0.351*** （0.052）
ag		0.150*** （0.018）		0.179*** （0.021）
$infra$		0.024 （0.021）		−0.009 （0.025）
fis		0.114*** （0.022）		0.072*** （0.027）
er		0.253*** （0.009）		0.288*** （0.010）
$constant$	0.490*** （0.029）	6.213*** （13.790）	−6.529*** （0.034）	−1.783*** （0.544）
city FE	YES	YES	YES	YES
Year FE	YES	YES	YES	YES
Observations	3228	3228	3225	3225
R-squared	0.677	0.768	0.784	0.836

注：*、**和***分别表示在10%、5%和1%的显著性水平上显著；括号内为标准误；表中列（1）和列（3）为未加入控制变量，列（2）和列（4）为加入控制变量。

在未加入控制变量时，工业用地市场化程度显著降低了水污染和空气污染水平；加入控制变量之后，对水污染和空气污染的影响结果依然显著，对空气污染的显著性水平更高。在一定程度上证明了基本结果的稳健性。

（2）更换解释变量

作为资源配置的核心机制，要素价格能体现土地供需的市场配置情况，使用城市层面的商服用地平均价格和工业用地平均价格的比值作为工业用地市场化程度的代理变量，进行稳健性检验。价格比值变量用 p 来表示，实证分析其对减污降碳效应的影响机制，回归结果如表7-4所示。回归结果显示，在未加入控制变量时，价格比对减污降碳效应均具有显著的促进作用；在加入控制变量后，仍然显著促进城市的减污降碳效应。这与基准回归结果一致。

表7-4　替换解释变量进行稳健性检验

变量	(1) SO_2	(2) SO_2	(3) CO_2	(4) CO_2
p	-0.047*** (0.015)	-0.040*** (0.014)	-0.031** (0.013)	-0.027** (0.013)
$pgdp$		-0.349*** (0.052)		-0.181*** (0.051)
ag		0.175*** (0.022)		-0.005 (0.021)
$infra$		-0.007 (0.025)		-0.044* (0.025)
fis		0.287*** (0.010)		0.017* (0.010)
er		-0.040*** (0.014)		-0.027** (0.013)
$constant$	-4.103*** (0.043)	0.593 (0.547)	-0.125*** (0.037)	1.753*** (0.535)
city FE	YES	YES	YES	YES
Year FE	YES	YES	YES	YES
Observations	3228	3228	3228	3228
R-squared	0.784	0.835	0.258	0.267

注：*、**和***分别表示在10%、5%和1%的显著性水平上显著；括号内为标准误；表中列（1）和列（3）为未加入控制变量，列（2）和列（4）为加入控制变量。

7.3.3 中介机制检验

选取产业结构和城市创新能力作为中介变量分析工业用地市场化对减污降碳效应的影响路径。从减污角度来看，回归结果如表7-5所示。中介效应检验结果表明，工业用地市场化程度会对产业结构和城市创新能力产生正向影响，且其系数均通过了显著性检验。在控制了中介变量后，工业用地市场化的系数仍然显著，说明存在不完全中介效应。工业用地市场化通过提升资源配置效率带来产业结构的优化，加强地区的规模经济效应，实现经济高质量发展，从而促进地区的减污效应。同时，工业用地市场化有效地推动了企业技术创新，促进企业采用清洁技术，降低了高耗能、高污染产业份额，促进地区减污效应。

表7-5 工业用地市场化对减污效应的中介机制检验结果

变量	产业结构 up		城市创新 sci	
	中介方程	总方程	中介方程	总方程
$MIL_{i,t-1}$	0.008***	−0.371***	0.050**	−0.370***
	(0.003)	(0.059)	(0.024)	(0.059)
up		−0.967*		
		(0.544)		
sci				−0.089*
				(0.051)
常数项	5.121***	22.006***	−5.817***	16.405***
	(0.078)	(3.089)	(0.640)	(1.188)
控制变量	YES	YES	YES	YES
固定效应	YES	YES	YES	YES
样本数	3226	3226	3226	3226
R-squared	0.026	0.573	0.210	0.568

注：*、**和***分别表示在10%、5%和1%的显著性水平上显著；括号内为标准误。

从降碳角度来看，回归结果如表7-6所示。当加入中介变量产业升级和城市创新能力后，总效应方程中两者的回归结果没有通过显著性检验，这说明工业用地市场化并不会通过产业结构和城市创新来影响降碳效应。国家在推进污染防治工作时更注重减污工作的落实，对降碳效应的战略目标是近几年提出的，因此工业用地市场化对于降碳效应的影响并不存在显著的路径机制。

表7-6　工业用地市场化对降碳效应的中介机制检验结果

变量	产业结构 up		城市创新 sci	
	中介方程	总方程	中介方程	总方程
$MIL_{i,t-1}$	0.008 ***	−0.076 **	0.050 **	−0.076 **
	（0.003）	（0.031）	（0.024）	（0.031）
up		0.272		
		（0.226）		
sci				0.031
				（0.035）
常数项	5.121 ***	−2.031	−5.817 ***	−0.492
	（0.078）	（1.324）	（0.640）	（0.686）
控制变量	YES	YES	YES	YES
固定效应	YES	YES	YES	YES
样本数	3226	3226	3226	3226
R-squared	0.026	0.025	0.210	0.022

注：＊、＊＊和＊＊＊分别表示在10%、5%和1%的显著性水平上显著；括号内为标准误。

7.3.4　分地区差异性分析

（1）分为东部、中部、西部和东北地区

由于我国东部、中部、西部及东北地区发展差异较大，各地区的工业用地市场化程度各不相同，为了进一步研究工业市场化程度对减污降碳效应之间的异质性影响效应，将研究区域进一步划分为东部、中部、西部和东北四个地区分别对减污降碳效应进行探讨。区域差异的减污效应回归结果如表7-7所示。东部地区工业用地市场化程度在1%的显著性水平上显著促进了城市的减污效应；中部地区、西部地区和东北地区的工业用地市场化程度的系数为负值，但均没有通过显著性检验。由于东部地区具备良好的基础设施建设和产业环境，地方政府对工业用地补贴较低,但其优越条件吸引了大部分的高技术企业,提升了地区的清洁技术水平,从而促进了减污效应。而中部、西部和东北地区的地方政府,为了吸引一些高技术企业会着力补贴工业用地,但由于其落后的设施水平和较差的地理环境,地方政府更多的是承接了发达地区的企业污染转移,因此并没有显著促进地区的减污效应。

表 7-7　减污效应分不同地区的异质性检验结果

变量	东部地区	中部地区	西部地区	东北地区
$MIL_{i,t-1}$	-0.210***	-0.035	-0.023	-0.037
	(0.055)	(0.043)	(0.031)	(0.029)
$pgdp$	0.089	-0.245***	-0.511***	-0.085
	(0.102)	(0.081)	(0.089)	(0.061)
ag	0.197***	0.187***	0.287***	-0.762***
	(0.040)	(0.036)	(0.043)	(0.023)
$infra$	-0.006	-0.023	0.005	0.019
	(0.047)	(0.042)	(0.037)	(0.031)
fis	0.132**	-0.004	-0.043	-0.030
	(0.067)	(0.044)	(0.040)	(0.026)
er	0.227***	0.306***	0.351***	0.007
	(0.024)	(0.017)	(0.016)	(0.011)
$constant$	-4.525***	0.563	2.690***	-4.509***
	(1.102)	(0.836)	(0.926)	(0.637)
city FE	YES	YES	YES	YES
Year FE	YES	YES	YES	YES
Observations	1032	960	828	408
R-squared	0.834	0.896	0.898	0.859

注:*、**和***分别表示在10%、5%和1%的显著性水平上显著;括号内为标准误。

降碳效应的回归结果如表7-8所示。东部地区工业用地市场化程度在5%的显著性水平上显著地促进了城市的降碳效应;中部地区、西部地区和东北地区工业用地市场化程度的系数为负值,但均没有通过显著性检验。这与减污效应的基本结果一致,东部地区工业用地市场化程度更高,在"双碳"目标的背景下,高耗能企业有序转移集聚到中西部地区，为东部地区促进降碳效应的发展提供了有力的支撑。而中部地区、西部地区和东北地区由于本身发展条件的限制，在承接了高耗能企业后制约了本地产业的规模，短期内不能将新能源优势转化为地区低碳发展竞争力，因此没有产生显著的降碳效应。

表7-8   降碳效应分不同地区的异质性检验结果

变量	东部地区	中部地区	西部地区	东北地区
$MIL_{i,t-1}$	−0.092**	−0.074	−0.078	0.050
	(0.040)	(0.048)	(0.048)	(0.061)
$pgdp$	0.130*	0.0004	−0.594***	−0.653***
	(0.074)	(0.090)	(0.137)	(0.129)
ag	0.011	−0.022	0.029	−0.043
	(0.029)	(0.040)	(0.067)	(0.049)
$infra$	0.031	−0.084*	−0.037	−0.281***
	(0.034)	(0.046)	(0.058)	(0.066)
fis	0.129**	0.062	0.093	0.079
	(0.049)	(0.050)	(0.061)	(0.056)
er	0.058***	0.017	−0.019	0.009
	(0.017)	(0.019)	(0.024)	(0.024)
$constant$	−1.093	0.215	5.592***	5.741***
	(0.802)	(0.931)	(1.431)	(1.358)
city FE	YES	YES	YES	YES
Year FE	YES	YES	YES	YES
Observations	1032	960	828	408
R-squared	0.291	0.308	0.320	0.318

注：*、**和***分别表示在10%、5%和1%的显著性水平上显著；括号内为标准误。

（2）分为资源型城市和非资源型城市

资源型城市是基础能源和重要原材料的主要供应地，为我国的经济社会发展做出了巨大的贡献，这些地区具备丰富的自然资源且大多数为矿产资源，因此资源型产业在城市工业之中占有较大的份额。依据《全国资源型城市可持续发展规划（2013-2020年）》的划分标准对全国269个城市进行了分类，探讨资源型城市和非资源型城市工业用地市场化程度对减污降碳效应的影响。减污效应的回归结果如表7-9所示。非资源型城市的工业用地市场化程度对城市减污效应具有显著的促进作用；资源型城市的减污降碳系数并不显著。非资源型城市大多实现了产业结构和能源结构的升级调整，推动了地区经济高质量发展，工业用地市场化的程度更高，促进了地区的减污效应。同时，非资源型城市土地交易机制更完善，而且在引入良性竞争机制后，激发了土地市场的活力，提高了土地资源的配置效率，增加了工业用地市场化的程度，推动地区的减污效应。而资源型城市的土地交易机制大多不完善，存在土地资源恶性竞争现象，因此工业用地市场化程度没有显著地促进地区的减污效应。

表7-9　减污效应分资源型与非资源型城市的异质性检验结果

变量	资源型城市		非资源型城市	
$MIL_{i,t-1}$	−0.073	−0.035	−0.111***	−0.093***
	(0.046)	(0.040)	(0.036)	(0.032)
$pgdp$		−0.211***		−0.393***
		(0.074)		(0.074)
ag		0.102***		0.229***
		(0.034)		(0.028)
$infra$		0.006		−0.055
		(0.038)		(0.034)
fis		0.144***		−0.008
		(0.041)		(0.037)
er		0.308***		0.281***
		(0.016)		(0.014)
$constant$	−3.713***	−0.568	−4.562***	0.587
	(0.055)	(0.778)	(0.043)	(0.774)
city FE	YES	YES	YES	YES
Year FE	YES	YES	YES	YES
Observations	1260	1260	1968	1968
R-squared	0.748	0.815	0.810	0.852

注：*、**和***分别表示在10%、5%和1%的显著性水平上显著；括号内为标准误。

降碳效应的回归结果如表 7-10 所示。与减污效应结果一致，非资源型城市工业用地市场化对城市降碳效应在 1% 的显著性水平上具有显著的促进作用；资源型城市工业用地市场化的系数结果虽然为负值，但并不显著。由于资源型城市过度依赖自然资源发展工业，提高了第二产业占比，在短期内虽然实现了城市经济的进步，但也带来了企业高耗能和高排放量的问题。因此，工业用地市场化的推进并没有促进资源型城市的降碳效应。而非资源型城市的服务业占比更高，由于服务业的碳排放量较低且服务业是经济高质量发展的重要支撑，其为地区降低碳排放量带来了强大助力，从而促进了地区的降碳效应。

表 7-10　降碳效应分资源型与非资源型城市的异质性检验结果

变量	资源型城市		非资源型城市	
$MIL_{i,t-1}$	-0.044	-0.041	-0.093 ***	-0.091 ***
	(0.042)	(0.042)	(0.030)	(0.030)
$pgdp$		-0.145 *		-0.203 ***
		(0.077)		(0.070)
ag		0.009		-0.007
		(0.036)		(0.027)
$infra$		-0.013		-0.081 **
		(0.040)		(0.032)
fis		0.128 ***		0.012
		(0.044)		(0.035)
er		0.005		0.028 **
		(0.017)		(0.013)
$constant$	0.026	1.644 *	-0.368 ***	1.667 **
	(0.050)	(0.817)	(0.036)	(0.733)
city FE	YES	YES	YES	YES
Year FE	YES	YES	YES	YES
Observations	1260	1260	1968	1968
R-squared	0.265	0.275	0.259	0.271

注：*、** 和 *** 分别表示在 10%、5% 和 1% 的显著性水平上显著；括号内为标准误。

（3）分为黄河流域和长江流域

为因地制宜推动经济高质量发展，长江流域以制造业发展为主，黄河流域以能源型产业发展为主。而长江—黄河流域环境污染问题日益凸显，因此在新生态目标提出的背景下，分别研究长江流域与黄河流域工业用地市场化对减污降碳效应的影响。减污效应的回归结果如表 7-11 所示。工业用地市场化的影响系数均为负值，但结果均没有通过显著性检验，说明工业用地市场化的推进并没有促进黄河流域与长江流域的减污效应。近几年，长江流域与黄河流域环境管制力度不断加大，污染治理初见成效，但工业用地市场化程度的提高使沿岸生产型企业数目过多、环境承载过大，加重了地区污染，因此并没有带来显著的减污效应。

表 7-11　减污效应分黄河流域和长江流域的异质性检验结果

变量	黄河流域		长江流域	
$MIL_{i,t-1}$	−0.087	−0.005	−0.036	−0.036
	（0.059）	（0.047）	（0.041）	（0.035）
$pgdp$		−0.357***		−0.199**
		（0.080）		（0.098）
ag		0.101**		0.385***
		（0.040）		（0.040）
$infra$		0.018		0.005
		（0.045）		（0.046）
fis		0.101**		−0.053
		（0.047）		（0.046）
er		0.341***		0.319***
		（0.018）		（0.016）
$constant$	−3.779***	1.064	−4.368***	−0.915
	（0.060）	（0.820）	（0.053）	（1.027）
city FE	YES	YES	YES	YES
Year FE	YES	YES	YES	YES
Observations	804	804	1248	1248
R-squared	0.836	0.896	0.793	0.852

注：*、**和***分别表示在10%、5%和1%的显著性水平上显著；括号内为标准误。

降碳效应的回归结果如表7-12所示。无论是否加入控制变量，工业用地市场化的影响系数结果均显著地对长江流域和黄河流域的降碳效应具有促进作用。这说明黄河流域与长江流域城市工业用地市场化的推进都带来了降碳效应，但对长江流域城市的降碳效应作用更大。在"双碳"背景下，工业用地市场化程度的加深，推动了长江流域制造业的转型升级，提高了企业的降碳能力和技术水平，从而促进了地区的降碳效应。而黄河流域以能源型产业为主，随着能源利用率的提升和新能源技术的研发创新，要素配置的效率不断提高，工业用地市场化配置水平不断提升，促进了地区的降碳效应。

表7-12　降碳效应分黄河流域和长江流域的异质性检验结果

变量	黄河流域		长江流域	
$MIL_{i,t-1}$	−0.151 **	−0.117 *	−0.084 ***	−0.087 ***
	(0.069)	(0.068)	(0.032)	(0.032)
pgdp		−0.314 ***		0.036
		(0.116)		(0.089)
ag		−0.166 ***		0.105 ***
		(0.058)		(0.036)
infra		−0.093		−0.072 *
		(0.066)		(0.042)
fis		0.151 **		0.031
		(0.068)		(0.041)
er		0.055 **		−0.002
		(0.025)		(0.015)
constant	0.007	3.200 ***	−0.389 ***	−0.756
	(0.070)	(1.192)	(0.041)	(0.930)
city FE	YES	YES	YES	YES
Year FE	YES	YES	YES	YES
Observations	804	804	1284	1284
R-squared	0.275	0.314	0.295	0.304

注：*、**和***分别表示在10%、5%和1%的显著性水平上显著；括号内为标准误。

7.4　本章小结

在我国的新发展阶段,"减污降碳"成为"十四五"时期的新目标,实现减污降碳的协同效应成为了生态环境保护的新使命。同时,土地要素的正向作用日益增强,地方政府对工业用地市场化配置的调控愈加重视。在工业用地要素市场化不断推进的背景下,其各项制度的实施和推进从减污和降碳两个方面给地区环境治理带来了解决思路。基于 2007~2019 年中国 269 个地级市的面板数据,本章分析了工业用地市场化对减污降碳效应的影响,并得到如下结论:

第一,工业用地市场化程度显著促进了城市的减污降碳效应。当工业用地市场化程度较高时,其区域良好的产业基础推动地区间形成规模效应和集聚效应,从而促进了地区的减污降碳效应,并且该结论通过了一系列的稳健性检验。

第二,工业用地市场化程度对减污降碳效应的影响在不同地区间存在着显著性差异。在三种区域异质性分析中:①由于东部地区良好的区位条件和优越的产业基础,吸引了大量高新技术企业,提升了地区的清洁技术水平,产业转移降低了高耗能、高污染企业的占比,推动工业用地市场化发展,从而促进了东部地区的减污降碳效应;中部地区、西部地区和东北地区由于落后的基础设施水平和承接了大量的产业转移,工业用地市场化并没有显著促进地区的减污降碳效应。②非资源型城市由于具备良性的土地竞争机制和占比较大的低碳排放量的服务业,其合理的资源配置结构推动工业用地市场化水平发展,从而显著促进了地区的减污降碳效应;资源型城市过度依赖自然资源发展工业,而且存在土地资源恶性竞争现象,因此地区的减污降碳效应均不显著。③黄河流域与长江流域城市由于存在沿岸产业数目过多、环境承载过大的问题,导致其减污效应并不显著；而"双碳"背景下，黄河流域与长江流域企业碳排技术的创新，使工业用地市场化程度对降碳效应的促进作用显著。

第三，机制检验发现，工业用地市场化会通过中介变量产业结构和城市创新能力给地区减污效应带来传导影响，但对地区的降碳效应没有显著影响。工业用地市场化通过提升资源配置效率带来产业结构的优化，实现经济高质量发展，从而促进地区的减污效应。同时，工业用地市场化有效地推动了企业技术创新，降低了高耗能、高污染产业份额，促进地区减污效应。而政府在推进污染防治工作时，更注重减污工作的落实，因此工业用地市场化对于降碳效应的影响并不存在显著的路径机制。

鉴于工业用地市场化对城市的减污降碳效应的促进作用，应进一步推进工业用地市场化政策并加以完善。为了响应国家生态文明建设新政策，基于污染物与碳排放具有同根同源的特征，必须遵循减污降碳的内在规律，合理推进工业用地市场化，充分发挥减污降碳的协同效应。同时，各地方政府应降低其对土地资源配置的干预程度，优化土地市场结构，实现土地资源集约高效利用。

一方面，应重视地区间经济发展的差异性，因地制宜分别对工业用地市场化配置进行合理规划。地区经济发展水平参差不齐，不同地区的工业用地市场化程度差别也很大。为了更有效率地实现不同地区减污降碳的目标，应当分别根据各地区的工业用地市场化水平，制定相关的减污降碳政策。在经济发展水平高的地区，利用要素集聚和技术先进的优势，促进产业绿色高效发展，不断加强减污降碳效应；而在低水平地区应完善基础设施建设，提升政府对工业用地的补贴效率，有效地利用资源，缩小地区间的发展差距，促进减污降碳效应。

另一方面，应注重突出减污降碳发展的协同增效。将推动产业升级作为实现减污降碳效应的途径之一，提高工业用地市场化资源配置效率，并且鼓励企业多使用清洁能源，增加资源的利用效率，减少生产过程中污染物和温室气体的排放量，发挥减污降碳效应的协同作用。同时，将提升城市创新能力作为实现减污降碳效应的途径之二。发挥工业用地市场化对企业创新的推动作用,在地区内落实减污降碳措施,增加企业的研发技术资金支持,缓解企业创新的资金压力,支持打造"双近零"排放标杆企业。在减污效应取得阶段性成果的背景下,更好地落实"双碳"目标,带动碳减排进程的发展,进一步实现减污降碳发展的协同增效。

8　工业用地市场化改革的探索

8.1　工业用地"亩均论英雄"的改革探索

"亩均论英雄"是一种建立以亩均单位建设用地上的投入和产出作为衡量标准的政策配置体系，激励亩均效益领跑者、倒逼亩均效益低下者，形成节约集约用地的高质量发展模式。"亩均论英雄"的改革起源于 2006 年的浙江省，作为经济发达、市场化程度较高的地区，浙江省率先遇到了"成长的烦恼"和"转型的阵痛"，资源、环境等要素制约不断加剧，粗放外延式的增长方式难以为继。推行"亩均论英雄"综合改革，旨在通过企业亩均效益综合评价和资源要素的差别化配置，推动资源要素向优质高效领域集中的创造性改革，本质是推动高质量发展。

8.1.1　浙江省的实施改革推进

2006 年，"亩均论英雄"在绍兴柯桥区（原绍兴县）起步。这一改革举措，在当时响应了浙江省提出的"腾笼换鸟、凤凰涅槃"理论指导。当时，为解决要素资源和环境容量短缺日益突出的矛盾，柯桥区（原绍兴县）从导向上入手，致力转变发展理念，将评价标准从原先的"规模""增幅"转变为"亩产效益"。即以提高"亩产效益"为核心，围绕节约集约用地、节能降耗减排等重点，建立相应的导向、约束和评价机制，将亩产概念从农业领域延伸到工业领域，以"亩产效益"作为企业用地绩效的核心评价标准。

经过七年的基层探索，到了 2013 年，浙江省以柯桥改革实践为蓝本，选择了基础更为扎实、条件更为成熟、更具样板价值的海宁市，启动了以"亩产效益"为导向的资源要素市场化配置改革试点。2014 年 5 月，进一步将"亩均论英雄"改革试点拓展到全省 24 个县（市、区）。这个阶段的改革重点是建立完善以"亩产效益"为导向，综合考虑亩均产出、亩均税收、单位能耗、单位排放等指标，分类分档、公开排序、动态管理的企业综合评价机制。同时，根据综合评价结果，完善落实差别化的用水、用地、用电、用能、排污等资源要素配置和价格政策措施，并探索区域性要素交易制度，破除要素配置中的体制性障碍，提高配置质量和效率。以"亩产论英雄、集约促转型"作为核心发展理念，在全省范围实施"亩产倍增"计划推动土地集约节约利用，优化土地资源配置，建立和完善以"土地占用产出论英雄"为导向的转型激励机制，改变"唯 GDP"评价标准，按照单位土地的经济绩效排序、分类分产业施策的综合评价。

2016 年，浙江省 11 个设区市和 89 个县（市、区）围绕"亩均论英雄"相继出台企业综合评价的相关政策文件。2018 年 1 月，浙江省人民政府出台的《关于深化"亩均论英雄"改革的指导意见》明确提出，在全省用地 5 亩以上工业企业已经实施"亩产效益"综合评价基础上，到 2020 年，全省所有工业企业和规模以上服务业企业（不含批发零售住宿餐饮、银行证券保险行业和房地产开发）以及产业集聚区、经济技术开发区（经济开发区）、高新园区、小微企业园区、特色小镇（不含历史经典产业特色小镇）全面实施"亩产效益"综合评价。至此，"亩均论英雄"上升为浙江省优化经济结构、转变发展方式的重要政策制度。2018 年，浙江省规模以上工业亩均税收 28.0 万元，较 2013 年的 12.6 万元/亩翻了一番；亩均增加值 104.7 万元，与 2013 年的 85.8 万元/亩相比，累计增长 22%（刘慧、任建华，2019）。

浙江省经济和信息化厅公布的数据显示，2020 年，浙江省"亩均论英雄"改革已走在全国前列，区域"亩均效益"达到全国领先水平，规模以上工业亩均税收、全员劳动生产率、亩均增加值分别达到 27 万元/亩、27 万元/人·年、120 万元/亩，全面实现亩均税收 1 万元以下的低效企业出清，基本实现所有工业企业亩均效益评价全覆盖，全面建成"亩均论英雄"大数据平台，形成科学公正的亩均评价体系和高效有序的资源配置体系。经过大量调查研究，浙江省总结提炼出"提高亩均效益十法"，分别是腾笼换鸟法、机器换人法、空间换地法、电商换市法、品牌增值法、兼并提效法、管理增效法、循环利用法、设计赋值法、新品迭代法，这些方法对其他区域具有重要的借鉴意义。

8.1.2 陕西省的实施改革推进

2021 年 8 月，陕西省人民政府印发的《关于推行"亩均论英雄"综合改革的指导意见》（以下简称《指导意见》）提出，把深化"亩均论英雄"综合改革作为转变发展方式、优化经济结构、转换增长动力的有力抓手，强化正向激励和反向倒逼机制，优化资源要素配置，提高资源要素利用效率，推动经济发展质量变革、效率变革、动力变革，为实现高质量发展奠定坚实基础。

根据《指导意见》，"亩均论英雄"综合改革先期以规模以上工业企业（不包括电力、热力、燃气及水的生产和供应以及垃圾焚烧、污水处理、固废危废处理等带有公益性质的企业）和省级以上开发区（包括国家级和省级高新技术产业开发区、经济技术开发区、综合保税区等）为切入点推进，待条件成熟后，再由点及面向其他行业和区域全面拓展。针对规模以上工业企业开展工业企业亩均效益综合评价，评价指标包含亩均增加值、亩均税收、全员劳动生产率、单位能耗增加值、单位碳排放增加值、研发经费投入强度六项。针对省级以上开发区，将以市（区）为单位，对辖区内省级以上开发区开展亩均效益综合评价，评价指标在规模以上工业企业综合评价六项指标的基础上，增加亩均固定资产投资指标。希望通过建立全省亩均效益综合评价体系和资源要素差别化配置机制，推动企业、行业、区域单位土地面积产出效益稳步提升，力争在"十四五"期间，全省规模以上工业亩均增加值、亩均税收、全员劳动生产率增速均高于工业平均增速。

8.1.3　安徽省的实施改革推进

2021 年 11 月，安徽省经济和信息化厅等 10 部门联合印发了《关于推广亩均效益评价工作的意见》，其围绕优化资源要素配置、推动工业转型升级、促进高质量发展这一根本目标，决定在全省推广"亩均效益"评价工作，深化"亩均论英雄"改革。采用"主要指标+自选指标"方式设置指标体系，规模以上工业企业评价以亩均税收、亩均营业收入、亩均技术改造投资为主要指标，兼顾亩均新建项目投资、研发经费投入强度、单位能耗营业收入、单位污染物排放营业收入、全员劳动生产率等指标；规模以下工业企业评价以亩均税收为主要指标。同时，鼓励各市、县（市、区）结合实际，增设其他评价指标，设立加分项或扣分项，科学、合理实施评价工作。实施过程中，将注重"评""用"结合，在切实推进降本减负的基础上，鼓励有条件的市、县（市、区）依据企业亩均效益评价结果，依法依规实施用地、用电、用水、用气等资源要素差别化政策。鼓励引导金融机构在风险可控、商业可持续的前提下，实施差别化信贷政策，发挥基层首创精神，创新设立"亩均贷"，对"亩均英雄白名单"企业在信用评级、贷款准入、贷款授信、担保方式、还款方式创新和利率、担保费用优惠等金融服务方面给予重点支持。

2021 年 12 月，合肥市人民政府印发的《关于开展亩均效益评价工作的实施意见（试行）》明确提出，深入实施亩均效益评价，力争到"十四五"时期末，规模以上工业企业亩均税收、亩均营业收入、全员劳动生产率等核心指标达到长三角地区平均水平。在安徽省《关于推广亩均效益评价工作的意见》的基础上，结合合肥市实际，注重"三个突出"：一是指标设置突出导向性。结合产业发展实际，实施科学评价，引导企业集约高质量发展。在指标设置上，在"亩均税收、亩均增加值、全员劳动生产率"的核心指标基础上，突出合肥科创特色和绿色引领，将"研发经费投入强度"和"单位能耗营业收入"作为主要指标，并按照省统一安排，使用"亩均营业收入"代替"亩均增加值"指标。二是评价体系突出实操性。本着结合实际、注重实效的原则，充分考虑城区、县域、开发区资源禀赋和产业发展阶段不同，鼓励各县区根据发展实际，确定具体的评价指标和实施办法，统筹推进实施。三是结果应用突出针对性。注重"评""用"结合，建立针对企业、行业、区域等不同主体的评价结果应用机制，运用正向激励、反向倒逼等方式，引导各类主体提高要素资源使用效益，实现提质增效。

8.1.4 "亩均论英雄"改革的经验与启示

"亩均论英雄"改革将价格机制、市场机制和利益机制有机、有效结合，改革越来越成为转变发展方式、优化经济结构、转换增长动力的有力抓手，成为高质量发展的有效途径。改革调整的是投入产出的边际效应，是单位资源要素消耗的产出水平，是衡量区域经济和企业财富创造能力与可持续发展能力最为直观的表达，能够推动要素向高效益、高产出、高技术、高成长性企业集聚，会倒逼落后和过剩产能退出及低效企业转型，其结果必然是资源要素利用越来越高效。

"亩均论英雄"是在"资源稀缺性"前提下优化配置工业用地要素的一种方式，能够破解要素制约、实现集约发展。我国的人均自然资源拥有量远小于发达国家水平，而我国的资源生产率又低于发达国家的水平，需有效提高资源生产率，才有可能缓解人地矛盾、资源消耗与经济增长的矛盾。通过"亩均投资""亩均产值""亩均税收"等考核指标，遏制招商引资中的"送地"现象，降低工业用地利用的低效率现象。在指标体系设计中，除目前广泛使用的税收收入、投资强度、能耗等指标外，还可适当引入反映社会效益的指标，如就业吸纳能力、社会保险费征缴等。对"亩均效益"领跑的区域、园区、行业、企业等要给以足够的激励，反之要进行淘汰，从而实现资源配置优胜劣汰、"腾笼换鸟"的效果。

"亩均论英雄"改革是对要素配置体制性障碍的深度矫正。我国要素价格形成机制改革远滞后于商品经济领域，资源要素配置的体制性障碍越积越深，日益成为当前阻碍经济转型升级的重大制约，突出地表现在要素价格扭曲导致资源错配，监管缺失导致低效利用。要素价格扭曲导致资源错配主要是政府越位所致，而后续监管缺失导致低效利用又是政府缺位所致。"亩均论英雄"改革的制度设计中，充分尊重企业的主体地位和市场在资源配置中的决定性作用，体现了以事实为依据和用数据"说话"，并将综合评价结果与差别化资源要素价格机制挂钩，让低效沉淀的资源要素充分流动起来，从而推动资源配置依据市场规则、市场价格、市场竞争最终实现效益最大化和效率最优化，本质上是向资源要素市场化配置的回归。

"亩均论英雄"改革是推进供给侧结构性改革的重要抓手。供给侧结构性改革主要是从要素端、生产端入手，通过改革不合理的制度障碍，实现对要素结构、经济结构和产业结构的重新调整与优化，激发各经济主体活力，促进要素资源合理配置，其政策"着眼点"是从经济运行的源头入手，更加强调"治本"，更加突出转型升级和活力再造。"亩均论英雄"改革就是直接切入生产端的要素问题，推动要素资源更加合理地配置，秉承了供给侧结构性改革的核心理念，是供给侧结构性改革的重要抓手。

8.2 "标准地"出让的改革探索

"标准地"，是指带着固定资产投资强度、容积率、单位能耗标准、单位排放标准、亩均税收等基本指标出让的国有建设用地。它旨在更好地发挥市场机制在工业用地配置中的决定性作用，为企业提供一个更加透明、公平、可预期的竞争环境。

8.2.1 浙江省的实施改革推进

2017 年 8 月，浙江省政府第十次全体会议上提出建立"标准地"制度。2017 年 8 月至 2018 年 6 月，德清县作为拥有 58 项省级以上试点的改革大县，率先开展"标准地"改革试点，这一阶段的改革以"事前定标准"为关键程序，整合以往的碎片化改革，将企业投资项目看作"一件事"，而不是分散的各个环节，以整体化的思维来全面降低企业成本、减少各个环节中由政府造成的不确定性。2018年7月，浙江省人民政府办公厅出台了《关于加快推进"标准地"改革的实施意见》，标志着"标准地"改革开始在浙江全省推广。2018年11月，浙江省发布了全国"放、管、服"改革领域首部综合性地方法规《浙江省保障"最多跑一次"改革规定》，规定"标准地"出让的合同内容、区域评估、承诺制等环节的具体操作。2018年12月，浙江省发布了《企业投资工业项目"标准地"管理规范》，为各地规范管理"标准地"项目设置了具体标准。2019年2月，浙江省发改委发布了《浙江省企业投资工业项目"标准地"负面清单（2019年）》，明确工业用地出让"标准地"是常态，"非标准地"是例外，推动了"标准地"从省级以上平台向所有园区的应用扩面。

"标准地"出让前，政府部门需要事先根据当地经济社会发展水平和地块特点，制定符合高质量发展要求的用地标准。2018年9月印发的《浙江省企业投资工业项目"标准地"工作指引》确定了投资、能耗、环境、建设、亩均税收、研发投入六项指导性指标。各地"标准地"出让时或直接采用省指标，或结合当地实际制定不低于省标准的地方指标。用地单位在对拟投资项目进行认真研究分析后，测算出相关数据，并与地块指标进行对标，符合的才有机会拿到土地，否则就没有落地可能。"标准地"制度在项目拿地阶段就用数据定量把好项目产出关，改变了"拼地价"拿地的传统做法，有效避免了前期盲目决策建设、建成后因不符合发展要求而无法投产造成的浪费现象，突出体现了高质量发展导向。"标准地"制度供应的是项目单位可以立即使用的成熟地块，这意味着征地拆迁、区域评价等一系列十分烦琐的做地工作由政府部门承担并先期完成。而用地单位只需要"找市场"，根据市场规律和地块指标要求拿地用地。"标准地"制度在浙江省取得了巨大成功，成为浙江省优化营商环境的"先手棋"和"最多跑一次"改革的新名片。

8.2.2 山西省的实施改革推进

2020 年 1 月，山西省人民政府印发的《关于推进"标准地"改革的实施意见》明确了"标准地"的含义和指标体系：①"标准地"是指在城镇开发边界内具备供地条件的区域，对新建工业项目先行完成区域评价、先行设定控制指标，并实现项目动工开发所必需的通水、通电、通路、土地平整等基本条件的可出让的国有建设用地；②"标准地"的指标由区域评价和控制性指标构成，其中区域评价包括区域节能评价、区域环境影响评价、洪水影响评价、压覆重要矿产资源评估、地质灾害危险性评估等，控制性指标包括固定资产投资强度、容积率、能耗控制、环境标准等。还提出了"标准地"出让程序，分别为：事先作评价、事前定标准、事中作承诺和事后强监管。该文件的印发标志着山西省"标准地"改革工作正式启动。2020 年 2 月，印发《山西转型综合改革示范区推进工业项目"标准地"出让改革实施方案》，为推进改革提供了制度保障和工作指导。2020 年 5 月，印发《"标准地"改革系列配套制度及规范性文本汇编》，包含《"标准地"项目投资建设合同》《国有建设用地使用权出让合同》《"标准地"投资承诺书（文本）》《"标准地"工作指引》等十多项具体配套制度。

山西省通过建立省"标准地"改革工作联席会议制度，制定《山西省"承诺制+标准地"改革政府统一服务事项清单》，各市健全完善"标准地"改革工作领导机制，从而形成了横向协同、纵向合力的工作格局。项目建设配套前置，将项目施工用水、用电、道路"三通一平"等系统配套服务纳入"标准地"前置条件，有效确保了企业拿地即可入场施工。创新"标准地"供应方式，试行土地"弹性出让"，出台《项目用地全生命周期管理考核评分实施细则》，提升土地资源要素对高质量转型项目的可持续承载能力，形成从项目招商、项目建设、项目运营全过程、项目用地全生命周期各部门齐抓共管的用地管理新机制。

8.2.3 山东省的实施改革推进

2020 年 7 月，山东省自然资源厅等 11 个部门出台的《关于加快推进"标准地"改革的指导意见》指出，对拟出让的工业项目国有建设用地，在完成相关区域评估的基础上，明确固定资产投资强度、建筑容积率、单位能耗标准、单位排放标准、亩均税收等控制性指标，实行"标准地"出让。规定到 2020 年底前，中国（山东）自由贸易试验区（济南、青岛、烟台）、中国—上海合作组织地方经贸合作示范区各片区（青岛）和省级以上经济技术开发区（园区）、高新技术产业开发区等重点区域内，新增工业用地不低于 30% 按照"标准地"制度供地；2021 年上述重点区域根据当地实际开始推行工业项目"标准地"制度，并探索向其他投资项目延伸推广。

在各市、县（市、区）自然资源主管部门依法与竞得土地企业签订国有建设用地使用权出让合同的同时，各市、县（市、区）政府或其指定的部门（机构）与企业签订"标准地"履约监管协议，根据具体控制标准等商定履约标准、指标复核办法等权利义务。企业按照具体项目履约标准作出书面承诺，对违反承诺的，依法追究其违约责任。同时，对用地企业在项目建设、达产复核等环节建立监测核查机制，对土地出让后用地企业的合同履行、承诺兑现情况实施监管，按约定予以奖惩。项目建成投产后，转为按"亩产效益"评价管理。探索开展"标准地"企业投资项目信用综合监管，建立"标准地"企业投资项目信用评价体系，建立"标准地"项目全过程信用档案，将企业落实承诺行为信息记入信用档案并依法公开。

8.2.4 "标准地"出让改革的经验与启示

"标准地"改革发轫于"最多跑一次"改革，政府提前完成土地区域环评、能评等工作，将过去土地出让后置程序变为政府代办前置，极大节省企业交易成本、时间成本。过去企业催政府尽快完成审批手续，尽早开工投产。"标准地"实施后，各省发改委等相关部门催企业尽快开工投产，效益迅速提升，避免了过去企业获得土地后"圈地炒地"行为。工业企业项目投资在过去需跑多次、手续繁、周期长，"标准地"改革后，基本实现"最多跑一次"目标，缩减大量审批手续、缩短流程周期。

"标准地"不仅将亩均税收和投资等指标在供地阶段明确化、提前化，而且还将环境和能耗等指标考虑进来，并通过"承诺制"手段将"亩产论英雄"改革进行了细化和深化。"标准地"对项目亩均税收、固定投资强度、能耗水平、排放水平等指标设定底线，有助于企业自我对标、发现"症痛"、创新和升级技术。对已完成指标企业通过奖励政策不断激励企业提高效益、降低能耗和排放，实现企业高质量发展。过去对低产量、高能耗、高污染产业主要通过行政手段强制退出，"标准地"改革以市场化机制淘汰低端企业。

　　"标准地"改革改变原有低地价、低标准的粗放式招商引资模式，转变为优选项目、优选土地的精细化招商选资模式，对其指标体系、标准和精准性提出了更高要求。应注重结合本地资源禀赋、区位、比较优势和发展目标，制定以高质量发展为核心的包含经济、环境和社会效益等维度的指标体系。建立动态调整机制，根据行业评价投入、产出、排放等情况动态调整指标。随着产业技术更新加快，行业整体的产出能力提升、能耗和排放水平降低。按过去的标准衡量企业的产出、投入、能耗、排放指标不利于行业动态发展。应充分考虑市场的实际情况，制定并且执行工业企业新增项目投资强度和产出效益规范条件，并实施分行业、分区域的"标准地"亩产效益综合评价，鼓励支持发展高效优势产业，适度淘汰低端落后产业。

参考文献

［1］Bartelsman E, Haltiwanger J, Scarpetta S. Cross-Country Differences in Productivity: The Role of Allocation and Selection ［J］. American Economic Review, 2013, 103 （1）: 305-334.

［2］Brandt L, Tombe T, Zhu X D. Factor Market Distortions across Time, Space and Sectors in China ［J］. Review of Economic Dynamics, 2013, 16 （1）: 39-58.

［3］Cai H B, Henderson J V, Zhang Q H. China's Land Market Auctions: Evidence of Corruption? ［J］. The RAND Journal of Economics, 2013, 44 （3）: 488-521.

［4］Cai H B, Treisman D. Does Competition for Capital Discipline Governments? Decentralization, Globalization, and Public Policy ［J］. The American Economic Review, 2005, 95 （3）: 817-830.

［5］Chen W, Shen Y, Wang Y. Does Industrial Land Price Lead to Industrial Diffusion in China? An Empirical Study From a Spatial Perspective ［J］. Sustainable Cities and Society, 2018 （40）: 307-316.

［6］Dagum C. A New Approach to the Decomposition of the Gini Income Inequality Ratio ［J］. Empirical Economics, 1997, 22 （4）: 515-531.

［7］Du J F, Thill J C, Peiser R B, Feng C C. Urban Land Market and Land-Use Changes in Post-Reform China: A Case Study of Beijing ［J］. Landscape and Urban Planning, 2014 (124): 118-128.

[8] Duranton G, Ghani S E, Goswami A G, et al. The Misallocation of Land and Other Factors of Production in India [R] . Washington DC: The World Bank, 2015.

[9] Elhorst J P. MATLAB Software for Spatial Panels [J] . International Regional Science Review, 2014, 37 (3): 389 -405.

[10] Han L, Kung J K. Fiscal Incentives and Policy Choices of Local Governments: Evidence from China [J] . Journal of Development Economics, 2015, 116 (4): 89-104.

[11] Hansen B E. Threshold Effect in Non-Dynamic Panels: Estimation, Testing, and Inference [J] . Journal of Econometrics, 1999, 93 (2): 345-368.

[12] Holmstrom B. Agency Costs and Innovation [J] . Journal of Economic Behavior & Organization, 1989, 12 (3): 305-327.

[13] Hsieh C T, Klenow P J. Misallocation and Manufacturing TFP in China and India [J] . The Quarterly Journal of Economics, 2009, 124 (4): 1403-1448.

[14] Hu X. Decentralization Reform in Post-Mao China: A Framework of Choice [J] . Issues & Studies, 1996, 32 (9): 41-68.

[15] Jin H H, Qian Y Y, Weingast B R. Regional Decentralization and Fiscal Incentives: Federalism, Chinese Style [J] . Journal of Public Economics, 2005, 89 (9/10): 1719-1742.

[16] Krugman P, Elizondo R L. Trade Policy and the Third World Metropolis [J] . Journal of Development Economics, 1996, 49 (1): 137-150.

[17] Krugman P. Increasing Returns and Economic Geography [J] . Journal of Political Economy, 1991, 99 (3): 483-499.

[18] Lefever D W. Measuring Geographic Concentration by Means of the Standard Deviational Ellipse [J] . American Journal of Sociology, 1926, 32 (1): 88-94.

[19] LeSage J, Pace R K. Introduction to Spatial Econometrics [M] . Boca Raton: Taylor & Francis Group, 2009: 34-48.

［20］ Li X, Liu C, Weng X, et al. Target Setting in Tournaments: Theory and Evidence from China ［J］. The Economic Journal, 2019, 129 (623): 2888-2915.

［21］ Lichtenberg E, Ding C. Local Officials as Land Developers: Urban Spatial Expansion in China ［J］. Journal of Urban Economics, 2009, 66 (1): 57-64.

［22］ Liu Y, Fan P L, Yue W Z, et al. Impacts of Land Finance on Urban Sprawl in China: The Case of Chongqing ［J］. Land Use Policy, 2018, 72 (4): 420-432.

［23］ Mao Q, Sheng B. The Impact of Tariff Reductions on Firm Dynamics and Productivity in China: Does Market-oriented Transition Matter? ［J］. China Economic Review, 2017 (45): 168-194.

［24］ Ngai L R. Barriers and the Transition to Modern Growth ［J］. Journal of Monetary Economics, 2004, 51 (7): 1353-1383.

［25］ Oates W E. Toward a Second - Generation Theory of Fiscal Federalism ［J］. International Tax and Public Finance, 2005, 12 (4): 349-373.

［26］ Pan J N, Huang J T, Chiang T F. Empirical Study of the Local Government Deficit, Land Finance and Real Estate Markets in China ［J］. China Economic Review, 2015, 32 (2): 57-67.

［27］ Shu H, Xiong P P. Reallocation Planning of Urban Industrial Land for Structure Optimization and Emission Reduction: A Practical Analysis of Urban Agglomeration in China's Yangtze River Delta ［J］. Land Use Policy, 2019, 81 (1): 604-623.

［28］ Tone K. A Slacks-Based Measure of Super-Efficiency in Data Envelopment Analysis ［J］. European Journal of Operational Research, 2002, 143 (1): 32-41.

［29］ Wang Y, Hui E C. Are Local Governments Maximizing Land Revenue? Evidence from China ［J］. China Economic Review, 2017 (43): 196-215.

［30］ Xu X X, Liang J X. Local Officials' Tactical Adjustment of Economic Growth Targets under China's Coordinated Regional Development Policy ［J］. China

Economist, 2014, 9 (3): 20-37.

[31] Zhang X Q. Urban Land Reform in China [J]. Land Use Policy, 1997, 14 (3): 187-199.

[32] Zheng G, Wang S, Xu Y, et al. Monetary Stimulation, Bank Relationship and Innovation: Evidence from China [J]. Journal of Banking and Finance, 2018 (89): 237-248.

[33] 安勇, 赵丽霞. 土地资源错配、空间策略互动与城市创新能力 [J]. 中国土地科学, 2021, 35 (4): 17-25.

[34] 柏培文, 许捷. 中国省际资本回报率与投资过度 [J]. 经济研究, 2017, 52 (10): 37-52.

[35] 毕学成, 谷人旭, 曹贤忠. 服务业过度发展是否抑制了工业企业创新——基于省域面板数据的实证分析 [J]. 山西财经大学学报, 2019, 41 (11): 40-54.

[36] 曹广忠, 袁飞, 陶然. 土地财政、产业结构演变与税收超常规增长——中国"税收增长之谜"的一个分析视角 [J]. 中国工业经济, 2007 (12): 13-21.

[37] 曹正汉, 史晋川. 中国地方政府应对市场化改革的策略: 抓住经济发展的主动权——理论假说与案例研究 [J]. 社会学研究, 2009, 24 (4): 1-27+243.

[38] 查建平, 唐方方, 别念民. 结构性调整能否改善碳排放绩效?——来自中国省级面板数据的证据 [J]. 数量经济技术经济研究, 2012, 29 (11): 18-33.

[39] 柴志春, 纪成旺, 赵松. 工业用地供应制度改革路径探索 [J]. 农业工程, 2012, 2 (7): 53-56.

[40] 陈斌开, 金箫, 欧阳涤非. 住房价格、资源错配与中国工业企业生产率 [J]. 世界经济, 2015, 38 (4): 77-98.

[41] 陈金至, 刘晓光, 范志勇. 经济增速放缓、稳增长与供地结构变动

［J］．国际金融研究，2020（11）：13-23.

［42］陈金至，宋鹭．从土地财政到土地金融——论以地融资模式的转变［J］．财政研究，2021（1）：86-101.

［43］陈明华，刘华军，孙亚男．中国五大城市群金融发展的空间差异及分布动态：2003~2013年［J］．数量经济技术经济研究，2016，33（7）：130-144.

［44］陈前利，马贤磊，石晓平，等．工业用地供应行为影响工业能源碳排放吗？——基于供应规模、方式与价格三维度分析［J］．中国人口·资源与环境，2019，29（12）：57-67.

［45］陈胜蓝，李璟，尹莹．区域协调发展政策的公司治理作用——城市经济协调会的准自然实验证据［J］．财经研究，2019，45（6）：101-114+140.

［46］陈诗一，陈登科．雾霾污染、政府治理与经济高质量发展［J］．经济研究，2018，53（2）：20-34.

［47］陈淑云，曾龙．地方政府土地出让行为对产业结构升级影响分析——基于中国281个地级及以上城市的空间计量分析［J］．产业经济研究，2017（6）：89-102.

［48］陈晓红，朱蕾，汪阳洁．驻地效应——来自国家土地督察的经验证据［J］．经济学（季刊），2019，18（1）：99-122.

［49］程宇丹，田文佳，韩健．工业用地补贴阻碍了中国制造业的区域转移吗？——来自微观土地交易的证据［J］．财经研究，2020，46（3）：94-108.

［50］程钰，王晶晶，王亚平，等．中国绿色发展时空演变轨迹与影响机理研究［J］．地理研究，2019，38（11）：2745-2765.

［51］储德银，费冒盛．财政纵向失衡、土地财政与经济高质量发展［J］．财经问题研究，2020（3）：75-85.

［52］崔继昌，郭贯成．新型城镇化对工业用地效率影响的空间计量分析——基于江苏省企业调查数据［J］．长江流域资源与环境，2021，30（3）：565-574.

［53］崔书会，李光勤，豆建民．产业协同集聚的资源错配效应研究［J］．统计研究，2019，36（2）：76-87.

［54］崔新蕾，刘欢．国家创新型城市设立与区域创新能力［J］．科研管理，2022，43（1）：32-40.

［55］崔新蕾，孟祥文，王丹丹．空间视角下城市群工业用地市场化的区域差异与收敛性特征［J］．中国土地科学，2020，34（1）：34-43.

［56］崔新蕾，孟祥文．国家级承接产业转移示范区设立与工业用地要素市场化配置［J］．产业经济研究，2021（4）：1-12.

［57］崔占峰，辛德嵩．深化土地要素市场化改革　推动经济高质量发展［J］．经济问题，2021（11）：1-9.

［58］杜雪君，黄忠华．以地谋发展：土地出让与经济增长的实证研究［J］．中国土地科学，2015，29（7）：40-47.

［59］段军山，庄旭东．金融投资行为与企业技术创新——动机分析与经验证据［J］．中国工业经济，2021（1）：155-173.

［60］范庆泉．环境规制、收入分配失衡与政府补偿机制［J］．经济研究，2018，53（5）：14-27.

［61］方磊，聂桂博，张雪薇，等．2009—2018年中国省级政府债务水平的动态演进［J］．经济地理，2021，41（4）：23-29+99.

［62］房宏琳，杨思莹．金融科技创新与城市环境污染［J］．经济学动态，2021（8）：116-130.

［63］丰雷，魏丽，蒋妍．论土地要素对中国经济增长的贡献［J］．中国土地科学，2008，22（12）：4-10.

［64］冯科．信贷配给、固定资产投资水平与企业创新［J］．中央财经大学学报，2016（4）：42-51.

［65］干春晖，邹俊，王健．地方官员任期、企业资源获取与产能过剩［J］．中国工业经济，2015（3）：44-56.

［66］高菠阳，罗会琳，黄志基，等．中国工业用地出让价格空间格局及影

响因素［J］. 地球信息科学学报，2020，22（6）：1189-1201.

［67］高然，龚六堂. 土地财政、房地产需求冲击与经济波动［J］. 金融研究，2017（4）：32-45.

［68］郭庆旺，贾俊雪. 地方政府行为、投资冲动与宏观经济稳定［J］. 管理世界，2006（5）：19-25.

［69］郭晓辉. 经济增长目标、地方政府行为与环境效应的关系［J］. 城市问题，2020（9）：60-70.

［70］韩彩珍，高婧怡，金岳. 外资占比、政策冲击与企业创新：中国的事实与解释［J］. 产业经济研究，2020（6）：55-67.

［71］韩峰，李玉双. 产业集聚、公共服务供给与城市规模扩张［J］. 经济研究，2019，54（11）：149-164.

［72］韩峰，谢锐. 生产性服务业集聚降低碳排放了吗？——对我国地级及以上城市面板数据的空间计量分析［J］. 数量经济技术经济研究，2017，34（3）：40-58.

［73］韩峰，余泳泽，谢锐. 土地资源错配如何影响雾霾污染？——基于土地市场交易价格和 PM2.5 数据的空间计量分析［J］. 经济科学，2021（4）：68-83.

［74］贺祥民，赖永剑，聂爱云. 区域一体化与地区环境污染排放收敛——基于长三角区域一体化的自然实验研究［J］. 软科学，2016，30（3）：41-45.

［75］胡鞍钢，鄢一龙，刘生龙. 市场经济条件下的"计划之手"——基于能源强度的检验［J］. 中国工业经济，2010（7）：26-35.

［76］胡深，吕冰洋. 经济增长目标与土地出让［J］. 财政研究，2019（7）：46-59.

［77］胡伟，张玉杰. 中国工业发展的空间格局演变［J］. 经济地理，2015，35（7）：105-112.

［78］黄金升，陈利根，张耀宇，等. 中国工业地价与产业结构变迁互动效应研究［J］. 资源科学，2017a，39（4）：585-596.

［79］黄金升，陈利根，赵爱栋．工业地价上涨、地方政府供地行为与产业转移［J］．上海财经大学学报，2017b，19（5）：4-14.

［80］黄亮雄，王贤彬，刘淑琳．经济增长目标与激进城镇化——来自夜间灯光数据的证据［J］．世界经济，2021，44（6）：97-122.

［81］黄文彬，王曦．政府土地管制、城市间劳动力配置效率与经济增长［J］．世界经济，2021，44（8）：131-153.

［82］黄忠华，杜雪君．土地资源错配研究综述［J］．中国土地科学，2014，28（8）：80-87.

［83］吉富星，鲍曙光．地方政府竞争、转移支付与土地财政［J］．中国软科学，2020（11）：100-109.

［84］江飞涛，耿强，吕大国，等．地区竞争、体制扭曲与产能过剩的形成机理［J］．中国工业经济，2012（6）：44-56.

［85］姜旭，卢新海，龚梦琪．土地出让市场化、产业结构优化与城市绿色全要素生产率——基于湖北省的实证研究［J］．中国土地科学，2019，33（5）：50-59.

［86］焦勇，杨蕙馨．政府干预、产业结构扭曲与全要素生产率提升［J］．财贸研究，2019，30（10）：1-16.

［87］金培振，殷德生，金桩．城市异质性、制度供给与创新质量［J］．世界经济，2019，42（11）：99-123.

［88］赖敏．土地要素错配阻碍了中国产业结构升级吗？——基于中国230个地级市的经验证据［J］．产业经济研究，2019（2）：39-49.

［89］雷淑珍，高煜，刘振清．政府财政干预、异质性FDI与区域创新能力［J］．科研管理，2021，42（2）：40-51.

［90］雷潇雨，龚六堂．基于土地出让的工业化与城镇化［J］．管理世界，2014（9）：29-41.

［91］李宝礼，邵帅，张学斌．中国土地供给的空间错配与环境污染转移——来自城市层面的经验证据［J］．中南大学学报（社会科学版），2020，26

（6）：103-118.

[92] 李建强，高翔，赵西亮. 最低工资与企业创新 [J]. 金融研究，2020（12）：132-150.

[93] 李军林，许艺煊，韦天宇. 创新政策对城市科技创新建设的影响及其异质性分析 [J]. 改革，2021（2）：128-145.

[94] 李力行，黄佩媛，马光荣. 土地资源错配与中国工业企业生产率差异 [J]. 管理世界，2016（8）：86-96.

[95] 李名峰. 土地要素对中国经济增长贡献研究 [J]. 中国地质大学学报（社会科学版），2010，10（1）：60-64.

[96] 李学文，卢新海. 经济增长背景下的土地财政与土地出让行为分析 [J]. 中国土地科学，2012，26（8）：42-47.

[97] 李勇刚，高波，任保全. 分税制改革、土地财政与公共品供给——来自中国 35 个大中城市的经验证据 [J]. 山西财经大学学报，2013，35（11）：13-24.

[98] 李勇刚，王猛. 土地财政与产业结构服务化——一个解释产业结构服务化"中国悖论"的新视角 [J]. 财经研究，2015，41（9）：29-41.

[99] 李玉龙. 土地财政抑制了企业创新吗？——基于信贷错配视角的分析 [J]. 财经理论与实践，2019，40（1）：111-117.

[100] 梁强. 土地财政、金融发展与全要素生产率 [J]. 经济经纬，2017，34（4）：147-152.

[101] 梁若冰，韩文博. 区域竞争、土地出让与城市经济增长：基于空间面板模型的经验分析 [J]. 财政研究，2011（8）：48-51.

[102] 林阳，吴克宁. 土地资源市场化与产业结构升级——基于非线性因果关系和时空地理加权模型的考察 [J]. 地域研究与开发，2021，40（3）：20-24.

[103] 刘诚，杨继东. 土地策略性供给与房价分化 [J]. 财经研究，2019，45（4）：68-82.

[104] 刘华军，王耀辉，雷名雨．中国战略性新兴产业的空间集聚及其演变 [J]．数量经济技术经济研究，2019，36（7）：99-116．

[105] 刘慧，任建华．全国人大代表、绍兴市委书记马卫光：浙江"亩均论英雄"改革蹚出新路子 [N]．中国经济时报，2019-03-08（A04）．

[106] 刘凯，黄容霞．劳动力市场如何影响创新型人才培养——来自中国省际层面的经验证据 [J]．中国高教研究，2019（1）：53-59．

[107] 刘力豪，陈志刚，陈逸．土地市场化改革对城市工业用地规模变化的影响——基于国内46个大中城市的实证研究 [J]．地理科学进展，2015，34（9）：1179-1186．

[108] 刘乃铭，金澎．土地出让方式对中国地方政府财政收入的影响研究 [J]．中国土地科学，2014，28（1）：91-96．

[109] 刘乃全，吴友．长三角扩容能促进区域经济共同增长吗 [J]．中国工业经济，2017（6）：79-97．

[110] 刘胜，顾乃华．行政垄断、生产性服务业集聚与城市工业污染——来自260个地级及以上城市的经验证据 [J]．财经研究，2015，41（11）：95-107．

[111] 刘守英，王志锋，张维凡，等．"以地谋发展"模式的衰竭——基于门槛回归模型的实证研究 [J]．管理世界，2020，36（6）：80-92+119+246．

[112] 刘守英，熊雪锋，章永辉，等．土地制度与中国发展模式 [J]．中国工业经济，2022（1）：34-53．

[113] 刘淑琳，王贤彬，黄亮雄．经济增长目标驱动投资吗？——基于2001-2016年地级市样本的理论分析与实证检验 [J]．金融研究，2019（8）：1-19．

[114] 刘勇，杨海生，徐现祥．中国经济增长目标体系的特征及影响因素 [J]．世界经济，2021，44（4）：30-53．

[115] 卢洪友，袁光平，陈思霞，等．土地财政根源："竞争冲动"还是"无奈之举"？——来自中国地市的经验证据 [J]．经济社会体制比较，2011

（1）：88-98.

［116］卢建新，于路路，陈少衔．工业用地出让、引资质量底线竞争与环境污染——基于 252 个地级市面板数据的经验分析［J］．中国人口·资源与环境，2017，27（3）：90-98.

［117］卢盛峰，陈思霞．政府偏袒缓解了企业融资约束吗？——来自中国的准自然实验［J］．管理世界，2017（5）：51-65+187-188.

［118］鲁元平，张克中，欧阳洁．土地财政阻碍了区域技术创新吗？——基于 267 个地级市面板数据的实证检验［J］．金融研究，2018（5）：101-119.

［119］陆铭，李鹏飞，钟辉勇．发展与平衡的新时代——新中国 70 年的空间政治经济学［J］．管理世界，2019，35（10）：11-23+63+219.

［120］陆铭．建设用地使用权跨区域再配置：中国经济增长的新动力［J］．世界经济，2011，34（1）：107-125.

［121］陆学艺．城乡一体化的社会结构分析与实现路径［J］．南京农业大学学报（社会科学版），2011，11（2）：1-5.

［122］吕承超，索琪，杨欢．"南北"还是"东西"地区经济差距大？——中国地区经济差距及其影响因素的比较研究［J］．数量经济技术经济研究，2021，38（9）：80-97.

［123］罗必良，李尚蒲．地方政府间竞争：土地出让及其策略选择——来自中国省级面板数据（1993-2009 年）的经验证据［J］．学术研究，2014（1）：67-78+159-160.

［124］罗勇根，杨金玉，陈世强．空气污染、人力资本流动与创新活力——基于个体专利发明的经验证据［J］．中国工业经济，2019（10）：99-117.

［125］罗知，刘卫群．国有企业对资本和劳动价格扭曲的非对称影响［J］．财经研究，2018，44（4）：34-46+129.

［126］毛文峰，陆军．土地要素错配如何影响中国的城市创新创业质量——来自地级市城市层面的经验证据［J］．产业经济研究，2020（3）：17-29+126.

［127］牟燕，钱忠好．地方政府土地财政依赖一定会推高城市一级土地市场

化水平吗？——基于2003—2015年中国省级面板数据的检验［J］.中国土地科学，2018，32（10）：8-31+35.

［128］潘华龙.欲速则不达：地方经济增长目标、政府行为与高质量发展——基于上市企业技术创新的视角［J］.金融经济学研究，2021，36（2）：143-160.

［129］彭山桂，程道平，张勇.地方政府土地出让策略互动行为的检验及其影响分析［J］.中国人口·资源与环境，2017，27（7）：111-119.

［130］彭山桂，孙昊，王健，等.地方政府土地出让行为中的官员个人效应［J］.资源科学，2021，43（1）：134-147.

［131］亓寿伟，毛晖，张吉东.财政压力、经济刺激与以地引资——基于工业用地微观数据的经验证据［J］.财贸经济，2020，41（4）：20-34.

［132］齐讴歌，白永秀."以地谋发展模式"如何加剧了区域分化［J］.现代经济探讨，2018（4）：72-79.

［133］钱忠好，牟燕.中国土地市场化水平：测度及分析［J］.管理世界，2012（7）：67-75+95.

［134］饶映雪，戴德艺.工业用地供给对工业经济增长的影响研究［J］.管理世界，2016（2）：172-173.

［135］荣晨，盛朝迅，易宇，等.国内大循环的突出堵点和应对举措研究［J］.宏观经济研究，2021（1）：5-18+78.

［136］荣晨."十四五"时期应从四个方面完善住房市场体系［J］.宏观经济管理，2021（8）：36-45+53.

［137］邵帅，李欣，曹建华.中国的城市化推进与雾霾治理［J］.经济研究，2019a，54（2）：148-165.

［138］邵帅，张可，豆建民.经济集聚的节能减排效应：理论与中国经验［J］.管理世界，2019b，35（1）：36-60+226.

［139］史贝贝，冯晨，张妍，等.环境规制红利的边际递增效应［J］.中国工业经济，2017（12）：40-58.

［140］宋冬林，姚常成．高铁运营与经济协调会合作机制是否打破了城市群市场分割——来自长三角城市群的经验证据［J］．经济理论与经济管理，2019（2）：4-14.

［141］宋准，但思颖，杨光普．财政支出对全要素生产率有正向溢出效应吗？——基于城市层面面板数据的研究［J］．经济问题探索，2020（12）：119-130.

［142］孙瑾，刘文革，周钰迪．中国对外开放、产业结构与绿色经济增长——基于省际面板数据的实证检验［J］．管理世界，2014（6）：172-173.

［143］孙久文，张皓．我国区域发展差距的多尺度考察及其"十四五"趋向［J］．改革，2021a（11）：71-81.

［144］孙久文，张皓．新发展格局下中国区域差距演变与协调发展研究［J］．经济学家，2021b（7）：63-72.

［145］孙欣，姜海，姜怡航．建设用地管控对经济增长质量的影响——基于2005-2017年省级面板数据实证分析［J］．中国土地科学，2021，35（11）：52-60+122.

［146］孙秀林，周飞舟．土地财政与分税制：一个实证解释［J］．中国社会科学，2013（4）：40-59+205.

［147］孙学涛，张广胜．高铁开通、环境污染与城市经济发展［J］．软科学，2021，35（6）：103-108.

［148］谭洪波．中国要素市场扭曲存在工业偏向吗？——基于中国省级面板数据的实证研究［J］．管理世界，2015（12）：96-105.

［149］唐鹏，周来友，石晓平．地方政府对土地财政依赖的影响因素研究——基于中国1998-2010年的省际面板数据分析［J］．资源科学，2014，36（7）：1374-1381.

［150］唐亚林．"都带融合发展战略"：新时代长江三角洲区域一体化的战略选择［J］．南京社会科学，2019（5）：85-94.

［151］唐宇娣，朱道林，程建，等．差别定价的产业用地供应策略对产业结

构升级的影响——基于中国 277 个城市的实证分析 [J]. 资源科学, 2020, 42 (3): 548-557.

[152] 陶坤玉, 张敏, 李力行. 市场化改革与违法: 来自中国土地违法案件的证据 [J]. 南开经济研究, 2010 (2): 28-43.

[153] 陶然, 陆曦, 苏福兵, 等. 地区竞争格局演变下的中国转轨: 财政激励和发展模式反思 [J]. 经济研究, 2009, 44 (7): 21-33.

[154] 陶然, 汪晖. 中国尚未完成之转型中的土地制度改革: 挑战与出路 [J]. 国际经济评论, 2010 (2): 93-123+5.

[155] 田伟. 考虑地方政府因素的企业决策模型——基于企业微观视角的中国宏观经济现象解读 [J]. 管理世界, 2007 (5): 16-23.

[156] 田文佳, 程宇丹, 龚六堂. 基于土地视角的中国城乡结构转型与经济增长 [J]. 经济学 (季刊), 2021, 21 (3): 909-930.

[157] 田文佳, 余靖雯, 龚六堂. 晋升激励与工业用地出让价格——基于断点回归方法的研究 [J]. 经济研究, 2019, 54 (10): 89-105.

[158] 田文佳, 张庆华, 龚六堂. 土地引资促进地区工业发展了吗? ——基于土地、企业匹配数据的研究 [J]. 经济学 (季刊), 2020, 19 (1): 33-60.

[159] 童锦治, 李星. 论地方政府"土地财政"对居民消费的影响——基于全国地级市面板数据的估计 [J]. 财经理论与实践, 2013, 34 (4): 78-83.

[160] 屠帆, 葛家玮, 刘道学, 等. 土地出让市场化改革进程中工业地价影响因素研究 [J]. 中国土地科学, 2017, 31 (12): 33-41+68.

[161] 万江. 土地用途管制下的开发权交易——基于指标流转实践的分析 [J]. 现代法学, 2012, 34 (5): 185-193.

[162] 汪伟, 刘玉飞, 彭冬冬. 人口老龄化的产业结构升级效应研究 [J]. 中国工业经济, 2015 (11): 47-61.

[163] 王博, 张耀宇, 冯淑怡. 地方政府干预、土地价格扭曲与工业企业生产率 [J]. 经济理论与经济管理, 2021, 41 (7): 51-63.

[164] 王春杨, 兰宗敏, 张超, 侯新烁. 高铁建设、人力资本迁移与区域创

新 ［J］. 中国工业经济, 2020 (12): 102-120.

［165］王红建, 李茫茫, 汤泰劼. 实体企业跨行业套利的驱动因素及其对创新的影响 ［J］. 中国工业经济, 2016 (11): 73-89.

［166］王建康, 谷国锋. 土地要素对中国城市经济增长的贡献分析 ［J］. 中国人口·资源与环境, 2015, 25 (8): 10-17.

［167］王俊松, 颜燕, 胡曙虹. 中国城市技术创新能力的空间特征及影响因素——基于空间面板数据模型的研究 ［J］. 地理科学, 2017, 37 (1): 11-18.

［168］王林辉, 王辉, 董直庆. 经济增长和环境质量相容性政策条件——环境技术进步方向视角下的政策偏向效应检验 ［J］. 管理世界, 2020, 36 (3): 39-60.

［169］王奇, 汪清. 外资与内资对我国污染排放影响的比较研究——基于省级面板数据的实证分析 ［J］. 世界经济研究, 2013 (2): 61-67+89.

［170］王士君, 马丽. 基于宏观形势和地域优势的"十四五"东北振兴战略思考 ［J］. 地理科学, 2021, 41 (11): 1935-1946.

［171］王文春, 荣昭. 房价上涨对工业企业创新的抑制影响研究 ［J］. 经济学 (季刊), 2014, 13 (2): 465-490.

［172］王贤彬, 刘淑琳, 黄亮雄. 经济增长压力与地区创新——来自经济增长目标设定的经验证据 ［J］. 经济学 (季刊), 2021, 21 (4): 1147-1166.

［173］王贤彬, 张莉, 徐现祥. 地方政府土地出让、基础设施投资与地方经济增长 ［J］. 中国工业经济, 2014 (7): 31-43.

［174］王媛, 杨广亮. 为经济增长而干预: 地方政府的土地出让策略分析 ［J］. 管理世界, 2016 (5): 18-31.

［175］韦朕韬, 张腾. 高铁开通、资源错配与我国工业产能过剩 ［J］. 经济经纬, 2021, 38 (5): 80-90.

［176］魏后凯, 年猛, 李玏. "十四五"时期中国区域发展战略与政策 ［J］. 中国工业经济, 2020 (5): 5-22.

［177］魏后凯, 王颂吉. 中国"过度去工业化"现象剖析与理论反思

［J］．中国工业经济，2019（1）：5-22.

［178］温军，冯根福．风险投资与企业创新："增值"与"攫取"的权衡视角［J］．经济研究，2018，53（2）：185-199.

［179］温忠麟，叶宝娟．中介效应分析：方法和模型发展［J］．心理科学进展，2014，22（5）：731-745.

［180］吴延兵．中国式分权下的偏向性投资［J］．经济研究，2017，52（6）：137-152.

［181］吴郁玲，袁佳宇，余名星，等．基于面板数据的中国城市土地市场发育与土地集约利用的动态关系研究［J］．中国土地科学，2014，28（3）：52-58.

［182］武彦民，杨峥．论土地财政的逻辑——基于城市扩张对全要素生产率的溢出效应［J］．山西财经大学学报，2012，34（5）：17-25.

［183］习近平．在黄河流域生态保护和高质量发展座谈会上的讲话［J］．求是，2019（20）：4-11.

［184］席强敏，梅林．工业用地价格、选择效应与工业效率［J］．经济研究，2019，54（2）：102-118.

［185］谢呈阳，胡汉辉．中国土地资源配置与城市创新：机制讨论与经验证据［J］．中国工业经济，2020（12）：83-101.

［186］谢冬水．土地资源错配与城市创新能力——基于中国城市面板数据的经验研究［J］．经济学报，2020，7（2）：86-112.

［187］谢贞发，朱恺容，李培．税收分成、财政激励与城市土地配置［J］．经济研究，2019，54（10）：57-73.

［188］徐换歌，蒋硕亮．经济增长目标约束、政府间竞争与基本公共服务供给［J］．广东财经大学学报，2020，35（6）：4-16.

［189］徐升艳，陈杰，赵刚．土地出让市场化如何促进经济增长［J］．中国工业经济，2018（3）：44-61.

［190］徐升艳，郭行．土地出让市场化与经济高质量发展［J］．资源与产

业，2021，23（4）：11-20.

[191] 徐思超，朱道林，伦飞，等．工业与住宅用地比价关系的重新考察——兼论工业与住宅用地价格差异的内在原因［J］．中国土地科学，2017，31（5）：47-54.

[192] 徐现祥，李书娟，王贤彬，等．中国经济增长目标的选择：以高质量发展终结"崩溃论"［J］．世界经济，2018，41（10）：3-25.

[193] 徐现祥，刘毓芸．经济增长目标管理［J］．经济研究，2017，52（7）：18-33.

[194] 徐现祥，王贤彬．晋升激励与经济增长：来自中国省级官员的证据［J］．世界经济，2010，33（2）：15-36.

[195] 许红梅，李春涛．社保费征管与企业避税——来自《社会保险法》实施的准自然实验证据［J］．经济研究，2020，55（6）：122-137.

[196] 许宪春，雷泽坤，窦园园，等．中国南北平衡发展差距研究——基于"中国平衡发展指数"的综合分析［J］．中国工业经济，2021（2）：5-22.

[197] 闫昊生，孙久文，张泽邦．土地供给与产业结构转变——基于地方政府经营城市的视角［J］．经济学动态，2020（11）：100-114.

[198] 严兵，贾辉辉．工业用地成本、地方政府行为与外商撤资［J］．世界经济研究，2022（3）：92-108+136.

[199] 严思齐，彭建超．财政分权对工业用地利用效率影响的门槛效应——基于省级面板数据的实证研究［J］．南京农业大学学报（社会科学版），2019，19（1）：118-129+167.

[200] 颜燕，刘涛，满燕云．基于土地出让行为的地方政府竞争与经济增长［J］．城市发展研究，2013，20（3）：73-79.

[201] 杨继东，崔琳，周方伟，等．经济增长、财政收入与土地资源配置——基于工业用地出让的经验分析［J］．经济与管理研究，2020，41（8）：29-43.

[202] 杨继东，杨其静．保增长压力、刺激计划与工业用地出让［J］．经

济研究，2016，51（1）：99-113.

[203] 杨继东，周方伟，赵文哲. 协议出让与经济增长——基于企业所有制视角的分析[J]. 世界经济文汇，2019（3）：1-17.

[204] 杨良敏，姜巍. "以地谋发展"模式能否持续？[J]. 中国发展观察，2011（10）：4-7.

[205] 杨其静，彭艳琼. 晋升竞争与工业用地出让——基于2007-2011年中国城市面板数据的分析[J]. 经济理论与经济管理，2015（9）：5-17.

[206] 杨其静，吴海军. 产能过剩、中央管制与地方政府反应[J]. 世界经济，2016，39（11）：126-146.

[207] 杨其静，吴海军. 地理禀赋、土地用途与挂牌—拍卖出让策略——基于2007-2017年土地出让数据的研究[J]. 南方经济，2021（10）：28-47.

[208] 杨其静，卓品，杨继东. 工业用地出让与引资质量底线竞争——基于2007~2011年中国地级市面板数据的经验研究[J]. 管理世界，2014（11）：24-34.

[209] 杨骞，秦文晋. 中国产业结构优化升级的空间非均衡及收敛性研究[J]. 数量经济技术经济研究，2018，35（11）：58-76.

[210] 杨汝岱. 中国制造业企业全要素生产率研究[J]. 经济研究，2015，50（2）：61-74.

[211] 叶德珠，潘爽，武文杰，等. 距离、可达性与创新——高铁开通影响城市创新的最优作用半径研究[J]. 财贸经济，2020，41（2）：146-161.

[212] 叶剑平，马长发，张庆红. 土地要素对中国经济增长贡献分析——基于空间面板模型[J]. 财贸经济，2011（4）：111-116+124.

[213] 叶琴，曾刚，戴劭勋，等. 不同环境规制工具对中国节能减排技术创新的影响——基于285个地级市面板数据[J]. 中国人口·资源与环境，2018，28（2）：115-122.

[214] 尤济红，陈喜强. 区域一体化合作是否导致污染转移——来自长三角城市群扩容的证据[J]. 中国人口·资源与环境，2019，29（6）：118-129.

［215］余东华，胡亚男. 环境规制趋紧阻碍中国制造业创新能力提升吗？——基于"波特假说"的再检验［J］. 产业经济研究，2016（2）：11-20.

［216］余靖雯，肖洁，龚六堂. 政治周期与地方政府土地出让行为［J］. 经济研究，2015，50（2）：88-102+144.

［217］余泳泽，刘大勇，龚宇. 过犹不及事缓则圆：地方经济增长目标约束与全要素生产率［J］. 管理世界，2019a，35（7）：26-42+202.

［218］余泳泽，潘妍. 中国经济高速增长与服务业结构升级滞后并存之谜——基于地方经济增长目标约束视角的解释［J］. 经济研究，2019，54（3）：150-165.

［219］余泳泽，宋晨晨，容开建. 土地资源错配与环境污染［J］. 财经问题研究，2018（9）：43-51.

［220］余泳泽，张少辉，杜运苏. 地方经济增长目标约束与制造业出口技术复杂度［J］. 世界经济，2019b，42（10）：120-142.

［221］原嫄，席强敏，孙铁山，等. 产业结构对区域碳排放的影响——基于多国数据的实证分析［J］. 地理研究，2016，35（1）：82-94.

［222］詹新宇，曾傅雯. 经济增长目标动员与地方政府债务融资［J］. 经济学动态，2021（6）：83-97.

［223］张华，魏晓平. 能源替代与内生经济增长路径研究［J］. 北京理工大学学报（社会科学版），2014，16（4）：42-49.

［224］张可. 区域一体化有利于减排吗？［J］. 金融研究，2018（1）：67-83.

［225］张宽，黄凌云. 政府创新偏好与区域创新能力：如愿以偿还是事与愿违？［J］. 财政研究，2020（4）：66-82.

［226］张莉，程可为，赵敬陶. 土地资源配置和经济发展质量——工业用地成本与全要素生产率［J］. 财贸经济，2019，40（10）：126-141.

［227］张莉，高元骅，徐现祥. 政企合谋下的土地出让［J］. 管理世界，2013（12）：43-51+62.

[228] 张莉，王贤彬，徐现祥．财政激励、晋升激励与地方官员的土地出让行为［J］．中国工业经济，2011a（4）：35-43.

[229] 张莉，徐现祥，王贤彬．地方官员合谋与土地违法［J］．世界经济，2011b，34（3）：72-88.

[230] 张立新，朱道林，陈庚，等．长江三角洲典型城市工业用地价格偏离时空差异及影响因素研究［J］．长江流域资源与环境，2018，27（1）：13-21.

[231] 张琳，黎小明，刘冰洁，等．土地要素市场化配置能否促进工业结构优化？——基于微观土地交易数据的分析［J］．中国土地科学，2018，32（6）：23-31.

[232] 张梦婷，俞峰，钟昌标，等．高铁网络、市场准入与企业生产率［J］．中国工业经济，2018（5）：137-156.

[233] 张苗，彭山桂，刘璇．土地资源错配阻碍新旧动能转换的作用机制研究［J］．中国土地科学，2020，34（11）：95-102.

[234] 张先锋，王敏．地方政府差异性土地出让策略对全要素生产率作用机制研究［J］．地方财政研究，2016（1）：45-51.

[235] 张学良，李培鑫，李丽霞．政府合作、市场整合与城市群经济绩效——基于长三角城市经济协调会的实证检验［J］．经济学（季刊），2017，16（4）：1563-1582.

[236] 张学良，林永然，孟美侠．长三角区域一体化发展机制演进：经验总结与发展趋向［J］．安徽大学学报（哲学社会科学版），2019，43（1）：138-147.

[237] 张学良，林永然．都市圈建设：新时代区域协调发展的战略选择［J］．改革，2019（2）：46-55.

[238] 张翼，刘思浓，郑兴无．最低工资标准对城市创新能力的影响——对我国283个城市面板数据的实证研究［J］．城市问题，2020（8）：65-73.

[239] 赵爱栋，马贤磊，曲福田，等．基于资源价值显化视角的中国工业用地市场发育水平及其影响因素［J］．资源科学，2016a，38（2）：217-227.

［240］赵爱栋，马贤磊，曲福田．市场化改革能提高中国工业用地利用效率吗？［J］．中国人口·资源与环境，2016b，26（3）：118-126.

［241］赵扶扬，陈斌开．土地的区域间配置与新发展格局——基于量化空间均衡的研究［J］．中国工业经济，2021（8）：94-113.

［242］赵海益．土地财政对中国城镇劳动力工资水平的影响研究［J］．经济经纬，2017，34（4）：153-158.

［243］赵领娣，徐乐．基于长三角扩容准自然实验的区域一体化水污染效应研究［J］．中国人口·资源与环境，2019，29（3）：50-61.

［244］赵娜，王之禹．中国城市工业用地出让价格区域差异性研究［J］．价格理论与实践，2018（5）：51-54.

［245］赵庆．产业结构优化升级能否促进技术创新效率？［J］．科学学研究，2018，36（2）：239-248.

［246］赵文哲，杨继东．地方政府财政缺口与土地出让方式——基于地方政府与国有企业互利行为的解释［J］．管理世界，2015（4）：11-24.

［247］赵祥，谭锐．土地财政与我国城市"去工业化"［J］．江汉论坛，2016（1）：16-24.

［248］赵新宇，郑国强．地方经济增长目标与要素市场扭曲［J］．经济理论与经济管理，2020a（10）：37-49.

［249］赵新宇，郑国强．劳动力市场扭曲与非正规就业——基于中国劳动力动态调查的实证研究［J］．吉林大学社会科学学报，2020b，60（4）：163-173+239.

［250］赵雲泰，黄贤金，钟太洋，等．中国土地市场化测度方法与实证研究［J］．资源科学，2012，34（7）：1333-1339.

［251］郑思齐，孙伟增，吴璟，等．"以地生财，以财养地"——中国特色城市建设投融资模式研究［J］．经济研究，2014，49（8）：14-27.

［252］中国人民大学宏观经济分析与预测课题组，刘凤良，阎衍，等．我国产业结构调整的新取向：市场驱动与激励相容［J］．改革，2013（10）：41-53.

［253］钟文，郑明贵，钟昌标．土地出让、资源错配与经济高质量发展［J］．经济与管理，2022，36（1）：1-9.

［254］周方伟，杨继东．市场化进程改善了政府配置资源的效率吗——基于工业用地出让的经验研究［J］．经济理论与经济管理，2020（2）：24-39.

［255］周黎安．晋升博弈中政府官员的激励与合作——兼论我国地方保护主义和重复建设问题长期存在的原因［J］．经济研究，2004（6）：33-40.

［256］周琳，范建双，虞晓芬．政府间竞争影响城市土地市场化水平的双边效应研究：基于财政竞争和引资竞争的不同作用［J］．中国土地科学，2019，33（5）：60-68.

［257］周麟．"十四五"时期高质量发展视角下的工业用地配置优化［J］．中国软科学，2020（10）：156-164.

［258］周玉龙，杨继东，黄阳华，等．高铁对城市地价的影响及其机制研究——来自微观土地交易的证据［J］．中国工业经济，2018（5）：118-136.

［259］邹建军，刘金山．财政科技支出能否提振企业全要素生产率？——基于地方政府行为视角下的实证检验［J］．西南民族大学学报（人文社会科学版），2020，41（3）：92-104.

后　记

　　党的十九大以来，国家相继出台了《关于构建更加完善的要素市场化配置体制机制的意见》《关于新时代加快完善社会主义市场经济体制的意见》《建设高标准市场体系行动方案》等文件，这些文件均把土地要素市场化配置放在显著位置，释放出了新时代深化土地要素市场化配置改革的强烈信号。推进土地供给侧结构性改革是促进实体经济发展模式转型和高质量经济发展的必然要求，从城市土地要素市场化配置角度看，商服用地和住宅用地市场化程度均相对完善，而工业用地配置存在受到地方政府自身利益而非市场力量左右的情况，会产生价格扭曲和要素错配，这不仅直接影响土地自身的配置效率，还会影响与其密切联系的经济活动。

　　全面认识和分析我国城市工业用地要素市场化配置的演变特征及其产生的影响效应，研究和识别地方政府工业用地要素配置行为与高质量发展的关联效应，是工业用地要素市场化改革和新发展格局下土地要素优化配置迫切需要解决的问题之一。本书以此为背景，基于中国土地市场网的微观交易地块数据和城市经济社会发展的宏观区域数据，分析土地使用权出让市场改革的政策演变及工业用地出让市场的现状，阐述我国城市工业用地市场化配置的演变特征，分析地方政府经济增长目标和区域一体化政策对工业用地市场化配置的作用效应，识别工业用地市场化配置对工业绿色经济效率、区域创新能力和减碳降污的绩效影响，为新时代下地方政府优化工业用地要素配置提供理论支持。

　　全书由崔新蕾设计目录及确定章节框架，统稿及修改定稿。撰写章节具体安排为：第一章，崔新蕾；第二章，樊如、崔新蕾；第三章，何爽、崔新蕾；第四章，孟祥文、崔新蕾；第五章，李蒙、崔新蕾；第六章，白莹莹、崔新蕾；第七章，马艳茹、崔新蕾；第八章，崔新蕾。

本书出版之际，感谢经济管理出版社的杨雪老师在本书的出版过程中提出的修改意见和提供的帮助。对所有关心、支持和帮助过我的同事和朋友们，致以最衷心的谢意！最后还要感谢我的家人在生活中给予的支持和精神上倾注的鼓励，家人的关爱是我前进中的永恒动力。

崔新蕾

2022 年 10 月